10 Lições sobre
KIERKEGAARD

Dados Internacionais de Catalogação na Publicação (CIP)
(Câmara Brasileira do Livro, SP, Brasil)

Roos, Jonas
    10 lições sobre Kierkegaard / Jonas Roos.
2ª ed. revista – Petrópolis, RJ : Vozes, 2022. –
(Coleção 10 Lições)
    Bibliografia.

    1ª reimpressão, 2023.

    ISBN 978-65-5713-009-4
    1. Filosofia dinamarquesa 2. Kierkegaard, Søren, 1813-1855 I. Título. II. Série.

20-53126   CDD-198.9

Índices para catálogo sistemático:
1. Filosofia dinamarquesa   198.9

Cibele Maria Dias – Bibliotecária – CRB-8/9427

Jonas Roos

10 Lições sobre KIERKEGAARD

EDITORA VOZES

Petrópolis

© 2021, 2022 Editora Vozes Ltda.
Rua Frei Luís, 100
25689-900 Petrópolis, RJ
www.vozes.com.br
Brasil

Todos os direitos reservados. Nenhuma parte desta obra poderá ser reproduzida ou transmitida por qualquer forma e/ou quaisquer meios (eletrônico ou mecânico, incluindo fotocópia e gravação) ou arquivada em qualquer sistema ou banco de dados sem permissão escrita da editora.

CONSELHO EDITORIAL

Diretor
Volney J. Berkenbrock

Editores
Aline dos Santos Carneiro
Edrian Josué Pasini
Marilac Loraine Oleniki
Welder Lancieri Marchini

Conselheiros
Elói Dionísio Piva
Francisco Morás
Gilberto Gonçalves Garcia
Ludovico Garmus
Teobaldo Heidemann

Secretário executivo
Leonardo A.R.T. dos Santos

_____

Editoração: Elaine Mayworm
Diagramação: Sheilandre Desenv. Gráfico
Revisão gráfica: Nilton Braz da Rocha
Capa: Editora Vozes
Ilustração de capa: Retrato inacabado de Søren Kierkegaard por seu primo Niels Christian Kierkegaard, c. 1840.

ISBN 978-65-5713-009-4

Este livro foi composto e impresso pela Editora Vozes Ltda.

*A maneira de deixar
a vida fácil é torná-la
insignificante.*

Søren Kierkegaard

Para Álvaro Valls e Else Hagelund, com amizade e gratidão, pelo longo e dedicado trabalho de tradução de Kierkegaard para o português.

Sumário

Lista de abreviações, 9

Introdução, 11

Primeira lição – Uma ideia pela qual viver e morrer, 15

Segunda lição – Ironia e comunicação indireta, 30

Terceira lição – Angústia, 46

Quarta lição – Desespero, 56

Quinta lição – Fé e subjetividade, 68

Sexta lição – Paradoxo, 81

Sétima lição – Amor, 94

Oitava lição – Repetição, 105

Nona lição – Existência, 116

Décima lição – Indivíduo, 130

Conclusão, 139

Referências, 143

Lista de abreviações

Para as citações das obras publicadas, utilizarei a edição crítica dinamarquesa *Søren Kierkegaards Skrifter* (vol. 1-55) – SKS.

Farei referência também a alguma edição mais acessível: em português, quando a obra tiver sido traduzida a partir do original dinamarquês; ou, em inglês, a partir de *Kierkegaard's Writings* (vol. I-XXVI) – KW.

Obras citadas menos vezes não receberam abreviação.

Para citações dos *Diários*, utilizarei tanto SKS quanto a seleção e tradução de Howard e Edna Hong, *Søren Kierkegaard's Journals and Papers* (vol. 1-7) – JP. Esta seleção organiza os trechos por uma numeração própria, que indicarei junto ao número do volume.

SKS		**Título em português**
SKS 4	Rep.:	*A repetição*
SKS 4	TT:	*Temor e Tremor*
SKS 4	MF:	*Migalhas Filosóficas*

SKS 4	CA:	*O Conceito de Angústia*
SKS 7	PE-I; PE-II:	*Pós-escrito* I e II
SKS 9	OA:	*As Obras do Amor*
SKS 11	DM:	*A Doença para a Morte*

Introdução

Kierkegaard se tornou conhecido por introduzir no debate filosófico, de um modo muito peculiar, temas como a angústia, a existência e o indivíduo. Uma marca de sua obra é a ideia de que uma pessoa não nasce um indivíduo, mas deve produzir a própria individualidade, deve tornar-se si mesma. Como se sabe, este veio a ser tema central nas filosofias da existência.

Pensar o indivíduo no horizonte do processo de tornar-se si mesmo implica trazer a discussão filosófica para a vida concreta, efetiva. Engana-se, contudo, quem pensa que isso tornaria a reflexão mais fácil. Pensar a existência em seu processo implica refletir sobre temas e conceitos como tempo, instante, liberdade, dialética, movimento, possibilidade e necessidade, quantidade e qualidade, subjetividade e objetividade, paradoxo, ser humano etc.

Kierkegaard procura considerar radicalmente a finitude humana no desenvolvimento de sua filosofia. Entretanto, percebe que podemos nos relacionar mal à finitude, e por isso a pensa sempre em relação dialética com a infinitude. Esta relação atravessa todos os grandes temas de sua obra e, quando se tem consciência dela, muitos de seus conceitos se tornam mais claros[1]. Por esse motivo, tal relação guiará o desenvolvimento deste livro.

É preciso considerar que Kierkegaard é um pensador bastante contraintuitivo. Muito de seu pensamento questiona pressupostos nos quais fomos todos formados, seja na moralidade, na educação formal, na religião, na filosofia etc. Portanto, ao lê-lo, é preciso estar atento à tonalidade própria que dá a seus conceitos.

Esse ponto fica muito claro em seu entendimento de religião ou cristianismo. Kierkegaard está fundamentalmente preocupado em determinar e encaminhar problemas, e para isso transita por diferentes áreas do saber, na compreensão de suas diferenças. Nesse sentido, é um erro tentar contornar seu pensamento religioso para chegar à sua filosofia. A maioria de seus conceitos parte de uma discussão com a religião e é elaborada filosoficamente. Kierkegaard distingue religião e filosofia, mas não as separa.

Por fim, deve ser dito ainda que, ao aprofundar-se corretamente no pensamento de Kierkegaard, o indivíduo é jogado de volta para si mes-

---

1. Esta ideia foi apresentada inicialmente em meu artigo "Finitude, infinitude e sentido – Um estudo sobre o conceito de religião a partir de Kierkegaard".

mo. E nisso também se mostra a atualidade de seu pensamento.

Agradeço a leitura atenta e as sugestões feitas por Álvaro Valls, Humberto Quaglio e Ana Paula Roos.

Primeira lição

Uma ideia pela qual viver e morrer

> O que eu realmente preciso é ter clareza sobre o que *eu devo fazer*, não sobre o que eu devo saber, salvo à medida que o saber precede toda ação. Trata-se de compreender o meu destino, de ver o que a divindade realmente quer que *eu* faça; trata-se de encontrar uma verdade que seja verdade *para mim*, de encontrar a ideia pela qual quero viver e morrer[2].

Assim escreveu Kierkegaard em seus *Diários* em 1835, quando estava com 22 anos. Adiante, no mesmo texto, afirmou ainda que "deve-se primeiro aprender a conhecer a si mesmo antes de conhecer qualquer outra coisa (γνωθι σεαυτον)"[3].

---

2. SKS 12 (AA: 12, p. 24) – grifos no original.

3. SKS 12 (AA: 12, p. 27). Em caracteres gregos: *gnôthi seautón*, "conhece-te a ti mesmo".

Muitas das ideias centrais de Kierkegaard nascem a partir da reflexão sobre si mesmo, da reflexão sobre sua vida e experiências pessoais, dessa tentativa de, com a máxima honestidade, conhecer a si mesmo. É a partir desse pensar sobre si mesmo que ele escreverá sobre angústia, desespero, subjetividade, fé, paradoxo, existência, indivíduo etc., num modo de filosofar que procura unir experiência e conceito. Assim, partindo de sua existência particular, Kierkegaard desenvolve uma filosofia que descobre elementos universais da existência humana[4]. A esse respeito, como em muitos outros pontos, ele se percebe em paralelo com Sócrates, e anota em seus *Diários*[5]:

> Em geral, a marca própria de meu gênio é que a Providência amplia e radicaliza tudo o que diz respeito a mim pessoalmente. Lembro-me do que um escritor pseudôni-

---

[4]. Destaco aqui um ponto importante do modo como Kierkegaard faz filosofia, e que é claramente reconhecido por ele. É evidente, contudo, que isso não pode ser a única explicação para o seu pensar e para a sua produção, que é bastante complexa. Kierkegaard dialoga profundamente com a tradição filosófica e procura responder a questões levantadas por ela – mas coloca sua existência em jogo ao fazê-lo, é isso que enfatizo aqui.

[5]. Kierkegaard escreve extensas notas em seus *Diários* ou *Papéis*, que compreendem reflexões sobre diversos temas, rascunhos de obras ou obras prontas, mas não publicadas, notas de leituras e estudos etc. Não se trata, portanto, de um diário no sentido mais usual do termo.

mo disse sobre Sócrates: "Toda a sua vida foi preocupação pessoal consigo mesmo, e então a Providência vem e acrescenta um significado histórico-mundial a ela"[6].

Embora Kierkegaard seja frequentemente caracterizado como filósofo ou pensador religioso, sua obra traz impactos profundos para, pelo menos, filosofia, teologia, estudos de religião, psicologia, estética e teoria literária. É navegando por esses diferentes âmbitos, sem confundi-los, que ele pensa a verdade de sua existência, *uma verdade para mim*, uma verdade que se estabelece na ação de tornar-se si mesmo.

Ainda que sua biografia seja muito rica, em um resumo bastante seletivo pode-se destacar quatro acontecimentos principais em sua vida: a influência de seu pai sobre sua personalidade; seu noivado com Regina Olsen; sua polêmica com o jornal *O Corsário*; e sua polêmica com a Igreja oficial da Dinamarca.

Søren Aabye Kierkegaard nasceu em 5 de maio de 1813, em Copenhague, filho de Michael Pedersen Kierkegaard (1756-1838) e Anne Sørensdatter

---

6. JP VI 6388. O pseudônimo ao qual o texto se refere é do próprio Kierkegaard, Johannes Climacus. O texto foi citado de maneira livre, provavelmente de memória, e encontra-se em: SKS 7, p. 138 (nota); PE-I, p. 153 (nota).

Kierkegaard, nascida Lund (1768-1834). Michael Kierkegaard havia sido casado anteriormente, e sua primeira esposa, Kirstine Røyen, falecera depois de dois anos de casamento, sem ter tido filhos. Anne havia sido empregada na família durante esse período. Cerca de um ano depois do falecimento de Kirstine, Michael e Anne se casam, com ela já grávida da primeira filha, Maren Kirstine, que nasce cerca de quatro meses e meio depois do casamento. Essa situação fez com que Michael se sentisse inicialmente obrigado a casar com Anne, mas, com o passar do tempo, uma relação afetuosa se desenvolveu entre o casal, que teve sete filhos, dos quais o último foi Søren.

Tanto o pai quanto a mãe de Kierkegaard eram provenientes da Jutlândia (*Jylland*), interior da Dinamarca. Filho de uma família pobre, Michael Kierkegaard fora pastor de ovelhas em sua infância. Quando menino, com cerca de 12 anos de idade, viveu uma experiência que marcaria toda a sua vida. Segundo a anotação de Kierkegaard em seus *Diários*: "Que horror para o homem que, como um rapaz cuidando das ovelhas na charneca da Jutlândia, sofrendo dolorosamente, faminto e exausto, certa vez subiu numa colina e amaldiçoou Deus – e o homem era incapaz de esquecer isso aos 82 anos"[7]. Esse episódio permaneceria como uma das mar-

---

7. JP V 5874.

cas da religiosidade de Michael, tingida por culpa e melancolia. Quando Kierkegaard estava com 21 anos, já havia perdido a mãe e cinco de seus irmãos. Todas essas mortes foram interpretadas por Michael como uma punição divina, e ele acreditou que sobreviveria a todos os seus filhos, *como uma cruz sobre suas sepulturas*, e que nenhum dos filhos ultrapassaria a idade de 33 anos. A realidade parecia confirmar essa interpretação e, pelo menos em algum nível, Kierkegaard acreditou nela.

Pouco depois do acontecimento na colina da Jutlândia, Michael foi enviado a Copenhague, para trabalhar no comércio têxtil de seu tio, Niels Andersen Seding. Michael acabou por herdar o comércio do tio e, com talento para os negócios, logo se tornou bastante rico, a ponto de, com cerca de 40 anos, poder parar de trabalhar e, posteriormente, dedicar-se a suas leituras (teologia, filosofia e estética)[8] e à educação de seus filhos.

Michael era ligado tanto à Igreja Luterana, a Igreja oficial da Dinamarca[9], quanto a uma comunidade pietista, ligada aos Irmãos Morávios. Michael

---

8. WATKIN. *Historical Dictionary of Kierkegaard's Philosophy*, p. 138.

9. Na Dinamarca daquela época, e ainda nos dias de hoje, a Igreja e o Estado não são separados. Assim o pastor, por exemplo, é um funcionário do Estado.

era homem melancólico, inteligente, com uma visão bastante rigorosa do cristianismo e dedicado a seus filhos, de modo especial a Søren. Essa conjunção de fatores causou uma marca profunda na personalidade de Kierkegaard, que claramente desenvolveu interpretações bem próprias de toda a herança recebida do pai. De sua mãe sabe-se muito pouco, e Kierkegaard nunca a mencionou em seus diários[10].

Quando criança, Kierkegaard recebera o apelido de *gaflen*, "o garfo". Segundo sua irmã, certa vez quando estavam à mesa perguntaram-lhe o que gostaria de ser, e ele disse que gostaria de ser um garfo, pois assim poderia espetar o que quisesse na mesa. "Mas e se nós o impedirmos?" Então eu espeto vocês, foi a resposta[11]. Kierkegaard era uma criança provocativa e, mais tarde, "espetaria" a cristandade dinamarquesa, a mentalidade pequeno-burguesa de seu contexto e vários pensadores e correntes filosóficas.

---

10. Todavia, algumas conexões podem ser estabelecidas, ao se cruzar certos dados biográficos, mostrando que Anne Kierkegaard pode ter tido uma importância maior na personalidade de Kierkegaard do que muitos estudos normalmente fazem parecer. A esse respeito, cf. VALLS. *Kierkegaard não era um homem sério*, cap. 13: "Possíveis e reais contribuições de Ane Sørensdatter Kierkegaard, nascida Lund (um ensaio contra o mito do filósofo sem mãe)", p. 229-245.

11. KIRMMSE (ed.). *Encounters with Kierkegaard*, p. 3.

Em 1830 Kierkegaard matriculou-se na faculdade de Teologia, tendo aulas que incluíam filosofia, matemática, física, grego, hebraico e latim, no qual ele era especialmente bom[12] (entre 1837 e 1838, lecionou latim em sua antiga escola)[13]. Kierkegaard se tornou uma espécie de eterno estudante, lendo bastante e, também, gastando bastante tempo e dinheiro nos cafés. Segundo Gordon Marino, nessa época seu pai teve de censurá-lo pelas enormes contas que estava acumulando, pelo seu comportamento dispersivo e pela lentidão com que conduzia seu curso. Em 1838, quando seu pai morreu, Kierkegaard ficou chocado por ter sobrevivido a ele e, afirmando que não teria mais como discutir com alguém que estava morto, concluiu rapidamente seu curso[14].

Em 1837, quando estava com 24 anos, e ainda um estudante universitário, Kierkegaard conheceu Regina Olsen, com 15 anos à época. Cerca de três anos depois, tornaram-se noivos. Entretanto, logo depois do noivado Kierkegaard entendeu ter cometido um grande erro e, depois de 13 meses, terminou o noivado. Regina ficou arrasada. Seu pai, temendo

---

12. MARINO. *Kierkegaard's Biography*, p. xlvii.

13. WATKIN. "Historical Introduction", p. xiv. In: KW I (*Early Polemical Writings*).

14. MARINO. Op. cit., p. xlviii.

por sua saúde, e até mesmo por sua vida, pediu a Kierkegaard que reconsiderasse, o que não aconteceu. Poucos dias depois, Kierkegaard foi a Berlim, onde assistiu a aulas de Schelling e trabalhou intensamente na redação de *Ou-ou*. É difícil saber com clareza o que levou Kierkegaard a romper com a relação, e talvez as razões não estivessem completamente claras nem mesmo para ele[15]. Resumindo um pouco do que se pode captar dos diários, Johannes Sløk afirma que Kierkegaard "não seria capaz de manter um relacionamento amoroso comum e muito menos estabelecer uma vida familiar normal"[16]. Suas anotações também sugerem que ao romper com a relação ele teria tido a intenção de proteger Regina, ou Regine, como a chamava. A esse respeito o pseudônimo Nicolaus Notabene, autor de *Prefácios*, dá o que pensar. Ele diz que escreve apenas prefácios para nunca se tornar realmente um autor, já que o autor é o pior dos traidores[17], talvez por estar sempre ausente até mesmo quando está presente. Regina casou-se em 1847 com Johan Frederik Schlegel e viveu até 1904. A ruptura causou muito sofrimento também a Kierkegaard, e muito do que refletiu a partir desse relacionamento acabou

---

15. Cf. EVANS. *Kierkegaard*: An Introduction, p. 5.

16. SLØK. *Kierkegaard's Universe*, p. 19.

17. SKS 4, p. 467-476; KW IX (*Prefaces*), p. 3-12.

em seus livros, em formulações que eventualmente aludem à relação, mas que também vão além dela[18].

Entre 1845 e 1846, quando Kierkegaard já tinha escrito boa parte de sua obra, inicia-se a polêmica com o jornal satírico *O Corsário*. Em dezembro de 1845, Peder Ludwig Møller publica uma resenha de uma obra pseudônima de Kierkegaard, *Estádios no caminho da vida*, não em *O Corsário*, mas em sua própria publicação, *Gæa*[19]. Nessa resenha o livro é criticado "por seu estilo esquisito e pela maneira como o autor expõe seu próprio desenvolvimento ético. O artigo tem um tom provocativo e jocoso, e não pode ser realmente visto como um exemplo de crítica literária séria"[20]. Para além do tom provocativo e jocoso, como descreve Jon Stewart, a resenha de Møller chega a ser ofensiva, Kierkegaard é caracterizado como *velho decrépito*, como tendo uma *imaginação doente*, como sendo muito *blasé*, como *a ironia da ironia* e sua visão da religião como *extrema covardia*[21]. Kierkegaard, então, ain-

---

18. Cf., esp., *Ou-ou*, *Temor e Tremor* e *Estádios no caminho da vida*.

19. À época vários intelectuais tinham suas próprias publicações, assim como Kierkegaard posteriormente publicou os fascículos de *O Instante* por contra própria.

20. STEWART. *Søren Kierkegaard*, p. 198.

21. Cf. MØLLER. "A visit in Sorø: Miscellany by P.L. Møller". In: KW XIII (*The Corsair Affair*), *Supplement*, p. 104.

da naquele mês de dezembro, publica um texto no jornal *A Pátria*, respondendo à resenha de Møller. Em seu texto Kierkegaard deixa claro que Møller, que escrevia ocultamente para *O Corsário*, tinha conexões com o jornal. À época Møller buscava uma posição como professor na Universidade de Copenhague, e sua ligação com *O Corsário*, que não tinha a melhor das reputações, não seria bem-vista no contexto da Universidade[22]. Ao final de seu artigo, Kierkegaard afirmara: "Ah, se eu pudesse aparecer logo em *O Corsário*. É realmente difícil para um pobre autor ser assim escolhido na literatura dinamarquesa, que ele (supondo que os pseudônimos sejam uma unidade) seja o único que lá não é vítima de abuso"[23]. Kierkegaard foi prontamente atendido, e passou não só a ser mencionado de forma satírica, mas ridicularizado em caricaturas de mau gosto. A polêmica terminou com a renúncia do editor-chefe,

---

22. Durante muito tempo se acreditou que o fato de Kierkegaard ter deixado clara essa conexão de Møller com *O Corsário* é o que teria impedido sua contratação pela Universidade. Robert Perkins, por outro lado, mostra que: 1) a ligação de Møller com *O Corsário* não era completamente desconhecida em Copenhague; 2) a expectativa de Møller de se tornar professor na Universidade era irreal, uma vez que ele estava academicamente muito aquém de seu concorrente; 3) Møller não estava em Copenhague à época da candidatura à vaga. Cf. o texto de Perkins na "Introdução" de: PERKINS (ed.). *International Kierkegaard Commentary* – The Corsair Affair, p. xvii-xix.

23. KW XIII, p. 46.

M.A. Goldschmit, e com a ida de Møller a Paris. Depois da polêmica com *O Corsário*, a vida de Kierkegaard mudou para sempre: ele passou a ser objeto de escárnio nas ruas da cidade (pelas quais sempre gostara de caminhar e conversar com as mais variadas pessoas); percebeu que deveria continuar sua atividade de escritor; e desenvolveu uma grande sensibilidade para o mal que pode ser causado pelo "público", essa entidade anônima. A polêmica de Kierkegaard com *O Corsário* não se deu por capricho ou meras questões pessoais, mas foi entendida por ele como um ato ético e social para o benefício de todos[24]. Em seus *Diários*, Kierkegaard afirma que, quando entrou em polêmica com *O Corsário*, não havia uma só pessoa na Dinamarca que não afirmasse, *em conversas privadas*, que *O Corsário* era um ultraje e que algo deveria ser feito a respeito. Entretanto, quando Kierkegaard tomou uma atitude *publicamente*, ela foi vista como loucura, como um crime, e ele passou a ser hostilizado pela maioria[25]. É claro que toda essa polêmica se transformou em um grande catalisador de reflexões para Kierkegaard.

Nos últimos anos de sua vida, entre 1854 e 1855, Kierkegaard empreendeu um grande ataque

---

24. Cf. HONG, H. & E. In: KW XIII p. 301, nota 390.

25. Cf. JP IV 4237.

à Igreja oficial da Dinamarca, através de artigos de jornal publicados em *A Pátria*, e em fascículos de *O Instante*, publicados por ele mesmo[26]. Na polêmica, Kierkegaard acusou a Igreja e seus pastores de falsificação do cristianismo, hipocrisia, corrupção etc. O fato de a Igreja estar unida ao Estado transformava o cristianismo numa questão geográfica e cultural, no sentido de estar distante das decisões subjetivas. *Grosso modo*, culturalmente, ser dinamarquês e ser cristão se equivaliam[27]. Kierkegaard entendia que o cristianismo colocava justamente um desafio existencial às pessoas, a necessidade de uma tomada de decisão, pessoal e intransferível, diante do paradoxo da existência. E o que fazia a cristandade dinamarquesa era justamente institucionalizar o cristianismo.

O ataque, que vinha sendo refletido e preparado por Kierkegaard há tempos, especialmente com anotações em seu *Diário*, iniciou por ocasião de um sermão de Hans Lassen Martensen, que havia se referido ao recém-falecido Bispo Jakob Peter Mynster como uma testemunha da verdade, como

---

26. A Igreja oficial da Dinamarca é Luterana. É preciso ter em mente que Kierkegaard critica essa instituição, no modo como se mostra em seu contexto e, ao mesmo tempo, herda, em seu modo de pensar, elementos centrais da Reforma Protestante e, mais especificamente, de Lutero e do Luteranismo. A esse respeito, cf. ROOS. "Kierkegaard, Lutero e o luteranismo: polêmica e dependência".

27. Cf. SKS 7, p. 55; PE-I, p. 55-56.

pertencendo "à cadeia sagrada de testemunhas da verdade que se estende através dos tempos desde os dias dos apóstolos"[28]. Como resposta, Kierkegaard publicou um artigo em *A Pátria*, intitulado: "O Bispo Mynster era uma 'Testemunha da Verdade', uma das 'Autênticas Testemunhas da Verdade': isso é verdade?"[29] Kierkegaard então lembra o conceito cristão de *testemunha da verdade*, e que este envolve testemunhar na pobreza, no rebaixar-se, envolve ser humilhado, detestado, insultado, perseguido etc. E o que se via na Igreja em geral e em seus ministros era justamente o contrário: uma remoção de todos os perigos e a substituição deles por poder, bens, vantagens, sucesso, fruição abundante dos mais seletos refinamentos etc. Kierkegaard diz que assim como uma criança brinca de soldadinho, exatamente no mesmo sentido se brinca de cristianismo na Cristandade. Nesse contexto, Kierkegaard utiliza uma estratégia irônica, socrática. Assim como Sócrates não se dizia sábio, mas perguntava às pessoas o que elas sabiam, levando-as a revelar sua ignorância, assim também Kierkegaard, por analogia, não se diz cristão. No décimo volume de *O Instante*, que não chegou a ser publicado, Kierkegaard escreve sobre sua tarefa: "A única analogia

---

28. SKS 14, p. 123; KW XXIII (*The Moment and Late Writings*), p. 3.

29. SKS 14, p. 123; KW XXIII, p. 3.

que eu tenho para mim é Sócrates; minha tarefa é uma tarefa socrática, revisar a definição do ser cristão: eu mesmo não me denomino um cristão (mantendo livre o ideal), mas posso tornar manifesto que os outros o são ainda menos do que eu"[30]. Seu mote se expressa em uma única tese: "O cristianismo do Novo Testamento não existe mais"[31].

Kierkegaard percebe um grande potencial de sentido no cristianismo, assim como uma grande exigência, e vê na cristandade dinamarquesa, mas também na cultura de sua época, um empobrecimento que leva a perder de vista as questões fundamentais do cristianismo e da existência. Já no início de sua obra, em *Temor e Tremor* (1843), o autor iniciara afirmando: "Não só no mundo dos negócios, mas também no das ideias, promove o nosso tempo *ein wirklicher Ausverkauf* [uma verdadeira liquidação]. Tudo se adquire por um preço tão irrisório, que nos resta perguntar se haverá alguém que acabe por fazer uma oferta"[32]. Ou seja, o ataque à Igreja e à cultura de seu tempo não é um fato isolado na obra de Kierkegaard.

Sabe-se que Kierkegaard nunca teve uma saúde muito forte. O ataque à Igreja parece ter consumido

---

30. SKS 13, p. 405; *O Instante*, p. 279.

31. SKS 14, p. 169; KW XXIII, p. 39.

32. SKS 4, p. 101; TT, p. 49.

suas últimas forças. Ele acabou ficando seriamente doente, teve um colapso e foi internado no hospital em 2 de outubro de 1855. Em meio às polêmicas, uma das poucas pessoas que recebera no hospital foi seu velho amigo, o Pastor Emil Boesen. Quando em seus últimos dias foi perguntado pelo amigo se queria receber a sagrada comunhão, ele respondeu: "Sim, mas não de um pastor, de um leigo". Quando Boesen disse que isso seria difícil de conseguir, ele respondeu: "Então eu vou morrer sem isso"[33]. Kierkegaard faleceu no dia 11 de novembro de 1855 e foi sepultado uma semana depois, pela Igreja oficial da Dinamarca. No enterro, seu sobrinho fez um discurso em que defendeu o argumento de que o enterro e o funeral feitos pela Igreja oficial demonstravam como Kierkegaard estava certo em suas críticas. Pessoas gritaram "Bravo!" e "Abaixo o clero!"[34] Segundo relatos da época, no velório a igreja estava cheia, e só havia lugar de pé, e, no cortejo, havia muitos jovens, pessoas desconhecidas, ninguém "importante"[35], e a grande maioria era de pessoas das classes mais baixas[36].

---

33. KIRMMSE (ed.). *Encounters with Kierkegaard*, p. 125.

34. Ibid., p. 133.

35. Ibid., p. 135.

36. STEWART. *Søren Kierkegaard*, p. 249.

Segunda lição

Ironia e comunicação indireta

Como apresentar a uma pessoa o desafio existencial de tornar-se si mesma, de construir a própria identidade, tornando-se um indivíduo único, se esta pessoa se entende como pronta e acabada, ou seja, se ela não se permite questionar o sentido da própria existência? E como lançar tal desafio se a pessoa se entende assim simplesmente por pertencer a uma determinada época, cultura, ou grupo religioso, qualquer que seja? Como incitar as pessoas a realizarem uma tarefa se elas não percebem a necessidade ou mesmo a existência da tarefa? Esses problemas, caros a Kierkegaard, são muito próximos daqueles enfrentados por Sócrates, na Grécia antiga: como tirar da ignorância alguém que não sabe que é ignorante? Nesse âmbito, afirmações diretas sobre a situação de alguém não apenas são de pouca ajuda, mas muitas vezes produzem o efeito contrário ao esperado.

Kierkegaard reconhece que afirmações diretas são essenciais para a vida como um todo (a ciência, a lógica, informações do cotidiano etc.). Entretanto, reconhece também que elas são limitadas para questões existenciais e ético-religiosas, afinal, não é possível comunicar diretamente a alguém como se tornar paciente, persistente, como perdoar, amar, se apaixonar etc. Aqui se está no âmbito de comunicação de capacidades. Para Kierkegaard, toda comunicação de conhecimento é comunicação direta, ao passo que toda comunicação de capacidade é comunicação indireta[37].

Na comunicação de capacidade entra em jogo aquilo que Kierkegaard chama de dupla reflexão. Em relação à compreensão subjetiva de algo é necessário primeiro compreender os conceitos gerais (primeira reflexão), e então aplicá-los à própria vida (segunda reflexão), ou seja, há uma diferença entre, de um lado, compreender intelectualmente uma tarefa existencial e, de outro, vivê-la, torná-la efetiva na própria existência[38].

Assim, uma capacidade não pode ser comunicada diretamente. A falta da percepção disso será vista por Kierkegaard no horizonte de uma crítica à Modernidade. Em seus *Diários*, em um curso que preparou sobre comunicação indireta, e que nunca chegou a ministrar, Kierkegaard afirma:

---

37. JP I 651.

38. Cf. SKS 7, p. 73-80; PE-I, p. 76-83.

> A confusão fundamental da Modernidade é não apenas ter esquecido que existe algo chamado comunicação de capacidade, mas, sem cuidado com o significado, ter transformado a comunicação de capacidade e a capacidade-ética na comunicação de conhecimento. O existencial desapareceu[39].

Grosso modo, questões éticas e relativas ao sentido da vida teriam sido transformadas em informação objetiva e conhecimento científico. A inspiração fundamental de Kierkegaard para combater esse mal-entendido de sua época ele encontrará na Antiguidade, na figura de Sócrates. Kierkegaard se ocupou longa e profundamente com o pensador grego, especialmente em seus anos de estudante, e acabou por defender sua tese em 1841, intitulada *Sobre o conceito de ironia constantemente referido a Sócrates*[40].

Em seus diálogos, Sócrates dizia não conhecer o assunto a ser discutido e, então, pedia explica-

---

39. JP I 653. Sobre Kierkegaard como crítico da Modernidade, cf. ROSSATTI, G.G. "Kierkegaard *antimoderno*, ou para uma tipologia (alternativa) da posição sociopolítica kierkegaardiana". • STEWART, J. *Søren Kierkegaard* – Subjetividade, ironia e a crise da modernidade.

40. Ele recebeu o título de *Magister Artium*, mestre de artes. A partir de 1854, na Dinamarca esse título foi considerado equivalente ao título de doutor. Cf. HONG. In: KW II (*The Concept of Irony*), "Historical Introduction", p. xii-xiii.

ções a seu interlocutor, que seria o entendido. Com suas perguntas, Sócrates ia minando o frágil conhecimento de seu interlocutor e acabava por mostrar que aquele conhecimento era apenas aparente. Este processo de trazer à tona a ignorância de quem não sabe que é ignorante é um passo fundamental no caminho do conhecimento. Em linhas gerais, é nesse contexto que Kierkegaard percebe o papel crucial da ironia socrática, e então o aplica a seu contexto, desconstruindo as certezas de seus contemporâneos em relação à existência e à religião.

A ironia, assim, constitui-se como um auxílio negativo, aquilo que corrói as certezas de uma existência excessivamente segura de si mesma e deixa o indivíduo só, na insegurança de sua dúvida. Como Kierkegaard escrevera em seus *Diários*, "mas permanecer só – pela ajuda de um outro, esta é a fórmula para a ironia"[41]. Esta ideia atravessa *O conceito de Ironia*: "nos gregos [...] o silêncio da ironia tinha de ser aquela negatividade que impedia que a subjetividade fosse tomada em vão"[42].

Na Dinamarca do século XIX (e ainda hoje), a Igreja Luterana e o Estado não eram separados, e havia uma grande fusão entre a Igreja, a cultura e a identidade dinamarquesas, de modo que ser di-

---

41. JP I 650.

42. SKS 2, p. 258; *O conceito de Ironia*, p. 165.

namarquês e ser cristão como que se equivaliam. Kierkegaard percebeu que, assim compreendido, aquele cristianismo, ou seja, a cristandade dinamarquesa, seria uma grande ilusão.

No contexto dessa discussão é preciso entender que, quando pensa o cristianismo, Kierkegaard não pensa uma religião heterônoma, a obediência à lei de um Deus impositivo, a mera adesão a um corpo doutrinário ou à leitura literalista da Bíblia. Antes, o cristianismo é entendido justamente como uma escolha radical por um projeto de vida, um projeto de alguém que assuma radicalmente sua finitude, sua temporalidade, seu corpo, sua história, simultaneamente, e paradoxalmente, ligado ao Eterno como aquele que transcende todos esses elementos. O cristianismo, assim entendido, é uma escolha por tornar-se si mesmo, com todos os riscos, incertezas e responsabilidades que envolve. É por isso que o problema que Kierkegaard tem com a cristandade não é um problema com a Igreja ou com a cultura dinamarquesas apenas, mas um problema que atinge o âmago da existência humana, ou seja, como tornar-se si mesmo face a elementos que tentam determinar o si-mesmo[43] a partir de fora.

---

43. Si-mesmo, quando escrito desta forma, traduz o substantivo dinamarquês *Selv* (traduzido por *self*, em inglês, *Selbst* em alemão, *il sé*, em italiano e *moi* em francês), como em *et Selv* (um si-mesmo) e *Selvet* (o si-mesmo). Quando *selv* aparece na forma não substantivada, como, por exemplo, em *til sig selv* (para si mesmo), ele

Kierkegaard parecia estar ciente de que a pergunta "Quem sou eu?" só pode ser respondida adequadamente na primeira pessoa, e que o seu contexto, seja pela religião, pela cultura ou pelos sistemas filosóficos, respondia ao indivíduo uma pergunta que ele só poderia responder por si mesmo. Tais questões envolvem estratégias comunicativas específicas. Em *O ponto de vista da minha atividade como autor*, Kierkegaard afirma:

> Não, uma ilusão nunca é dissipada diretamente, só se destrói radicalmente de uma maneira indireta. Se todos estão na ilusão, dizendo-se cristãos, e se é necessário trabalhar contra isso, essa noção deve ser dirigida indiretamente, e não por um homem que proclama bem alto que é um cristão extraordinário, mas por um homem que, mais bem-informado, declara que não é cristão*. Por outras palavras, é preciso apanhar pelas costas o que está na ilusão[44].

Um dos aspectos cruciais dessa ilusão é o fato de ela ser linguística. Kierkegaard percebeu que as

---

aparece traduzido sem hífen. Como esta conceituação é importante para esclarecer o pensamento de Kierkegaard, de um modo geral eu a reproduzo.

* Lembra-se do *Pós-escrito conclusivo não científico*, cujo autor, Johannes Climacus, declara abertamente que não é cristão [Nota de Kierkegaard].

44. SKS 16, p. 25; KW XXII, p. 43.

pessoas dirigiam suas vidas a partir de categorias estéticas, como o agradável, o prazeroso, o interessante etc. Entretanto, esses conceitos estéticos eram revestidos de um palavreado ético-religioso. Isso tornava quase impossível a percepção dos limites da estética para as questões da existência e seu sentido. A estratégia usada para esse contexto, e que está intimamente ligada ao entendimento que Kierkegaard tem de ironia, é a de assumir o ponto de vista estético, penetrar nele e falar a partir de dentro dele. Em *O ponto de vista*, afirma que "se alguém quer verdadeiramente ter sucesso em levar um ser humano a um lugar específico, deve primeiro e antes de tudo ter o cuidado de encontrá-lo onde **ele** está, e começar por lá"[45]. E, adiante, diz tratar-se de "enganar para um entendimento com a verdade"[46].

Assim, em 1843 Kierkegaard publica um romance com o inusitado título de *Ou-ou*, pondo em prática a sua estratégia de escrever a partir do ponto de vista estético (na primeira parte da obra). Kierkegaard, entretanto, não quer se identificar com uma concepção estética da vida e, por isso, recorre à criação de personagens-autores e de um pseudônimo, Victor Eremita, que seria o editor de *Ou-ou*. Nesta obra, é possível perceber com bastante clareza como o autor faz seus pseudônimos

---

45. SKS 16, p. 27; KW XXII, p. 45 – grifo no original.

46. SKS 16, p. 41; KW XXII, p. 60.

penetrarem no modo de vida estético, e ao invés de criticá-lo objetivamente o corroem de dentro para fora, deixando o leitor a sós com essa concepção que pode se mostrar vazia de sentido. Entretanto, se a estética é limitada no que tange às questões existenciais, assim também o é a perspectiva ética. Esta última será abordada na segunda parte da obra, através de um personagem chamado Juiz Wilhelm[47]. A partir dessas questões pode-se entender o pedido de Kierkegaard a seus leitores: "Caso ocorra a alguém citar alguma passagem particular dos livros, que me preste o favor de citar o nome do respectivo autor pseudônimo, não o meu"[48].

Em um livro de 1845, intitulado *Estádios no caminho da vida*, publicado sob o pseudônimo Hilarius Bogbinder [Encadernador Hilário], encontramos como epígrafe uma espirituosa frase de Lichtenberg, e que poderia servir como epígrafe para muitas das obras pseudônimas de Kierkegaard: "Tais obras são espelhos, se um macaco olhar para dentro, não será um apóstolo a olhar de volta"[49].

Esta parte desconstrutiva e geradora de crise, provocada pelas obras pseudônimas, entretanto, é contrastada com o conceito de edificação, *Opbyggel-*

---

47. Esta questão será melhor desenvolvida na "Nona lição".

48. SKS 7, p. 571; PE-II, p. 342.

49. SKS 6, p. 16; KW XI, p. 8.

se, em dinamarquês, que dá a ideia de construir para cima a partir de um fundamento. Se não se pode edificar a partir de um fundamento inapropriado, há que primeiramente desconstruí-lo. Com isso se ocupam as obras pseudônimas (as da primeira etapa, até 1846). Simultaneamente à publicação dessas obras, entretanto, Kierkegaard publica o que chama de *discursos edificantes*, textos que iniciam com a citação de algum texto bíblico, comentam-no a partir de um ponto de vista existencial, e são sempre assinados com seu próprio nome.

Sua obra tem, portanto, uma estrutura literária dialética, obras pseudônimas e discursos constituem duas linhas que se articulam paralelamente. Em *O ponto de vista* Kierkegaard afirma que "esta duplicidade é consciente, o autor está dela melhor informado do que ninguém, ela é a condição dialética fundamental de toda a obra e tem como consequência uma razão profunda"[50].

Deve-se dizer que este esquema não reflete toda a complexidade da comunicação indireta e dos usos que Kierkegaard dá aos pseudônimos. Embora muito do que se encontre em obras pseudônimas reflita os modos estético e ético da existência, há obras pseudônimas que discutem conteúdo propriamente religioso e existencial (*Temor e Tremor, Migalhas Filosóficas, O Conceito de Angústia, Pós-escrito*

---

50. SKS 16, p. 15; KW XXII, p. 29.

etc.). Essas obras, contudo, embora discutam questões religiosas, fazem-no a partir de pseudônimos que se declaram como não cristãos ou como não tendo fé, ou ainda sem mencionar o cristianismo diretamente. Assim, tais obras não deixam de gerar certa perplexidade no leitor, que percebe nelas um autor com muito conhecimento ou talento poético em relação às questões, mas que, nem por isso, tenha necessariamente assumido uma posição existencial em relação às mesmas questões. O leitor, então, pode ser levado a refletir que talvez não haja uma passagem direta do conhecimento sobre questões existenciais à opção por um determinado modo de vida, e que o cristianismo talvez seja outra coisa do que uma doutrina ou um conjunto de conhecimentos. Assim, mesmo discutindo questões religiosas, muitas obras pseudônimas permanecem sendo irônicas e realizam comunicação indireta. Ainda, em 1849 e 1850, Kierkegaard cria o pseudônimo Anti-Climacus, que desempenha outra função, a de representar o cristianismo em sua idealidade, talvez mostrando às pessoas o quão distantes estavam dele. Nesse sentido, vemos que Kierkegaard utiliza a ironia e a comunicação indireta de diversas formas, a fim de levar o indivíduo a entrar em contato consigo mesmo, com a própria subjetividade, e a tomar uma posição diante do cristianismo e da própria existência.

A partir dessas considerações, podemos apresentar um esquema da obra[51]:

PSEUDÔNIMAS		ASSINADAS
1834-1836		**1836**
Artigos de A e B		*Artigo*
		1838
	7 de set.	*Dos papéis de alguém que ainda vive*
		por S. Kjerkegaard[52]
		1841
	29 de set.	*O conceito de Ironia* (tese)
		1842
		Johannes Climacus, ou, é preciso duvidar de tudo
		[iniciado em 1842, mas não concluído ou publicado]

---

51. Baseado em Howard e Edna Hong, KW XXII (*The Point of View*, "Historical Introduction", p. xxiii-xxvii. • WATKIN. *Kierkegaard*, p. 48-49.

52. A grafia do nome está dessa maneira nas capas tanto da primeira edição quanto na edição crítica SKS.

1842-1851

Artigos relacionados à obra

1843

20 de fev. — *Ou-ou*, I-II editado por Victor Eremita

16 de out.[53] — *A repetição* por Constantin Constantius

16 de out. — *Temor e Tremor* por Johannes de silentio

1843-1846

Artigos relacionados à obra

por A.F.; Victor Eremita; Frater Taciturnus, A.

1843

16 de mai. — *Dois discursos edificantes*

16 de out. — *Três discursos edificantes*

6 de dez. — *Quatro discursos edificantes*

1844

13 de jun. — *Migalhas Filosóficas* por Johannes Climacus, editado por S. Kierkegaard

1844

5 de mar. — *Dois discursos edificantes*

---

53. Kierkegaard normalmente escreve mais de um livro ao mesmo tempo e os publica propositalmente em dias próximos ou no mesmo dia.

PSEUDÔNIMAS		ASSINADAS	
17 de jun.	*O conceito de angústia* por Vigilius Haufniensis	8 de jun.	*Três discursos edificantes*
17 de jun.	*Prefácios* por Nicolaus Notabene	31 de ago.	*Quatro discursos edificantes*

1845		**1845**	
30 de abr.	*Estádios no caminho da vida* publicado por Encadernador Hilário	29 de abr.	*Três discursos em ocasiões imaginárias*
19-20 de mai.	*Uma observação rápida sobre um detalhe de Don Giovanni* por Inter et Inter		

1846		**1846**	
28 de fev.	*Pós-escrito às* Migalhas Filosóficas Por Johannes Climacus, editado por S. Kierkegaard, com o apêndice "Uma primeira e última explicação", por S. Kierkegaard	30 de mar.	*Duas eras: Uma resenha literária* *O livro sobre Adler* [primeira versão, não publicada]

	1847		**1847**
		13 de mar.	*Discursos edificantes em diversos espíritos*
		29 de set.	*As Obras do Amor*
	1848		**1848**
24-27 de jul.	*A crise e uma crise na vida de uma atriz* por Inter et Inter	26 de abr. nov.	*Discursos cristãos* *O ponto de vista da minha atividade como autor* [redigido, não publicado]
	1849		**1849**
14 de mai.	*Ou-ou*, segunda edição	14 de mai.	*Os lírios do campo e as aves do céu* *Neutralidade armada* [redigido, não publicado]
19 de mai.	*Dois ensaios ético-religiosos* por H.H.		
30 de jul.	*A Doença para a Morte* por Anti-Climacus, editado por S. Kierkegaard	14 de nov.	*Três discursos para comunhão às sextas-feiras*

PSEUDÔNIMAS		ASSINADAS	
1850		**1850**	
25 de set.	*Prática no cristianismo* por Anti-Climacus, editado por S. Kierkegaard	20 de dez.	*Um discurso edificante*
			1851
		7 de ago.	*Dois discursos para comunhão às sextas-feiras*
		7 de ago.	*Sobre minha obra como autor*
		10 de set.	*Para autoexame* *Julgai vós mesmos!* [redigido, não publicado]
			1854
		18, 30 de dez.	Artigos I e II em *A Pátria*
			1855
		12 de jan. a 26 de mai.	Artigos III a XXI em *A Pátria*
		24 de mai.	*Isto precisa ser dito; Que seja dito*

24 de mai. a 24 de set.	*O instante I a IX,* n. X [redigido, não publicado]
16 de jun.	*Como Cristo julga a respeito do cristianismo oficial*
3 de set.	*Imutabilidade de Deus: um discurso*

Obras publicadas postumamente

1859	*O ponto de vista da minha atividade como autor*
1872	*O livro sobre Adler*
1876	*Julgai vós mesmos!*
1880	*Neutralidade armada*
1881	*O instante,* n. X

Terceira lição
Angústia

A tarefa[54] de tornar-se si mesmo é tema central na obra de Kierkegaard. Isso supõe, evidentemente, que seja possível não ser si mesmo, supõe que o si-mesmo possa estar desarticulado consigo mesmo. Esta desarticulação é o que Kierkegaard chama de desespero, e algumas palavras iniciais sobre este conceito podem ajudar na compreensão da angústia. O ser humano é entendido por Kierkegaard como uma síntese de infinitude e de finitude, do temporal e do eterno, de liberdade e necessidade[55]. Vivemos na finitude e em suas determinações, mas, ao mesmo tempo, nutrimos sonhos, esperanças e sentidos da ordem da infinitude. O desespero é exatamente a má relação[56] dessa síntese que nos constitui, e, consequentemente, uma perda de nós mesmos.

---

54. O termo em dinamarquês para tarefa é *Opgave*. *Gave* significa dádiva, de modo que a tarefa implica fazer algo a partir do que foi dado. Essa noção subjaz o entendimento que Kierkegaard tem da existência e da tarefa de tornar-se si mesmo.

55. SKS 11, p. 129; DM, p. 43.

56. Esta é uma tradução bem literal do termo utilizado por Kierkegaard para descrever o desespero, *Misforhold*, a *má relação* entre finitude e infinitude e seus correlatos.

Como síntese de elementos polares, o ser humano sempre pode se tornar diferente do que é, sempre tem a possibilidade de recolocar a síntese de um novo modo. É justamente no contexto dessa discussão que o conceito de angústia assume importância. Nos momentos que antecedem uma decisão existencial percebemos que podemos nos tornar diferentes do que somos; entretanto, nunca sabemos exatamente como nos tornaremos. Em linhas gerais, essa possibilidade de tornar-se diferente é o que gera angústia. Bem esquematicamente pode-se dizer que: o que angustia é a possibilidade; o desespero é a síntese mal efetivada; e o indivíduo, o si-mesmo, é a síntese corretamente realizada.

Kierkegaard entende que o fato de nascermos humanos não nos torna indivíduos, no sentido filosófico que atribui ao termo. Cada pessoa precisa realizar, tornar efetiva a síntese que a constitui. A síntese de finitude e infinitude, e seus correlatos, é o que nos caracteriza como espírito. Entretanto, nascemos com esse espírito em potência, ou, na linguagem de Haufniensis em *O Conceito de Angústia*, espírito como que sonhando[57], e na existência precisamos torná-lo efetivo, realizá-lo, através de nossas escolhas. É esse processo, quando bem realizado, que torna alguém um indivíduo.

---

57. SKS 4, p. 347; CA, p. 45.

Entretanto, quando o espírito antevê a possibilidade de se efetivar, pressente algo. Pressente que está para se tornar diferente do que é. Esse pressentir é vago e indefinido, uma vez que ele não consegue saber como será ao se efetivar. É esta sensação de indefinição e ambiguidade diante de uma nova possibilidade o que Kierkegaard chama de angústia.

Assim, o que angustia é a possibilidade. À medida que a possibilidade daquilo que posso vir a ser me é desconhecida, ela é um nada para mim, é um objeto que não é objeto. É por isso que a angústia é diferente do medo, que tem um objeto definido, e a partir do momento em que o objeto desaparece, desaparece também o medo. A dificuldade com a angústia, o seu peso, por assim dizer, é justamente o fato de ela não ter objeto, de ela ser uma possibilidade indefinida. Nesse sentido, do ponto de vista da existência, não a realidade, mas a possibilidade é o que há de mais pesado[58].

Haufniensis caracteriza a angústia como *"uma antipatia simpática* e *uma simpatia antipática"*[59]. Na incerteza que sentimos diante da possibilidade,

---

58. "Aquele que é formado pela angústia é formado pela possibilidade, e só quem é formado pela possibilidade está formado de acordo com sua infinitude. A possibilidade é, por conseguinte, a mais pesada de todas as categorias." SKS 4, p. 455; CA, p. 164.

59. SKS 4, p. 348; CA, p. 46 – grifo no original.

a angústia caracteriza a ambiguidade de buscar a possibilidade e ao mesmo tempo fugir dela. Diante de decisões existenciais, diante da experiência da liberdade, frequentemente nos sentimos atraídos a direções opostas. Uma pessoa pode querer efetivar suas possibilidades e ao mesmo tempo não querer, querer e não querer sair da posição onde se encontra. A angústia diz justamente do modo como experimentamos nossa liberdade, é a vertigem da liberdade diante da possibilidade:

> Angústia pode-se comparar com a vertigem. Aquele, cujos olhos se debruçam a mirar uma profundeza escancarada, sente tontura. Mas qual é a razão? Está tanto no olho quanto no abismo. Não tivesse ele encarado a fundura!... Desse modo, a angústia é a vertigem da liberdade, que surge quando o espírito quer estabelecer a síntese, e a liberdade olha para baixo, para sua própria possibilidade, e então agarra a finitude para nela firmar-se[60].

No entendimento de Kierkegaard, e segundo essa imagem, a angústia não diria respeito a um medo de cair no abismo ou de ser empurrado, mas à vertigem do eu diante de suas possibilidades, ou seja, do que o eu pode vir a fazer com sua vida ao

---

60. SKS 4, p. 365; CA, p. 66.

estar diante do abismo. Assim, a angústia sempre retroage ao si-mesmo, à síntese que nos constitui.

A fim de esclarecer a questão filosófica da relação entre angústia e liberdade, e com isso tentar entender o processo pelo qual perdemos nossa liberdade, Kierkegaard recorre à narrativa bíblica de Adão no paraíso[61]. Parece haver nessa história um enigma universal que pode ser expresso em algumas perguntas correlacionadas e subjacentes ao texto: como e por que Adão, inocente e vivendo no paraíso, vem a sair dele? Por que perde a inocência? Por que nós perdemos a inocência? Como a perdemos? Por que nos tornarmos desesperados? Que responsabilidade temos nisso? Em que medida podemos superar tal situação? Haufniensis ataca aqui um problema que, de diferentes modos, faz-se presente na filosofia, na teologia, na psicologia, nos mitos, na literatura e na arte em geral.

O autor insiste em que, no caso de Adão, a sua passagem da inocência à culpa não pode ser expli-

---

61. Toda essa discussão é importante para descrever o processo pelo qual a síntese se desestabiliza, ou seja, como alguém se torna desesperado. No contexto da história de Adão, o termo para designar a desestabilização da síntese vem a ser pecado. No contexto dessa discussão específica, de como a síntese se desestabiliza, os conceitos de desespero e pecado podem ser postos em paralelo. Adiante uma diferenciação será estabelecida.

cada como se ela se desse gradualmente[62]. Nesse sentido, ele critica interpretações teológicas que supunham que Adão no paraíso teria certo desejo que o levaria a efetivar a síntese de modo desesperado. Em terminologia teológica: a concupiscência em Adão o conduziria ao pecado, desembocaria no pecado. Nessa visão o desejo aumentaria gradualmente até o ponto de tornar-se "efetivamente" pecado. O problema de Kierkegaard com esse tipo de explicação é que, assim, a questão de saber quando alguém se torna desesperado ou quando alguém se torna culpado se tornaria semelhante a um paradoxo de sorites, ou seja, seria como tentar saber quantos fios de cabelo é preciso perder para que alguém se torne careca ou quantos grãos de trigo são necessários para que se tenha um monte! Kierkegaard percebe que ao se tratar questões éticas e existenciais dessa maneira, inocência e culpa se tornam indetermináveis. Consequentemente, a responsabilidade que uma pessoa tem por sua própria existência se tornaria também algo vago e indeterminável[63].

---

62. Cf. SKS 4, p. 336-341; CA, p. 32-37.

63. Embora Kierkegaard não estabeleça essa relação com o paradoxo de sorites no contexto específico dessa discussão, ele tem em mente o problema da gradação – que é o problema do paradoxo de sorites – e da dificuldade ética que ela implica, ou seja, a diferença entre inocência e culpa se tornaria indeterminável.

No relato de Gênesis, como se sabe, Adão recebe uma proibição: "Mas da árvore do conhecimento do bem e do mal não comerás, porque no dia em que dela comeres terás que morrer" (Gn 2,17). As interpretações teológicas tradicionais entenderam que essa proibição geraria o desejo de provar da fruta. Haufniensis, contudo, vai na contramão dessa psicologia e entende que o que a proibição gera não é desejo, mas angústia: "A proibição o angustia, porque a proibição desperta nele a possibilidade da liberdade"[64]. Adão, enquanto inocente, não conhece nem a distinção entre bem e mal e, tampouco, a ideia da morte, que só viria como consequência do pecado. Na interpretação de Haufniensis, o que a proibição faz é aumentar a angústia, no sentido de aproximar Adão da possibilidade da liberdade, aproximá-lo de uma decisão. Mas, e este ponto é crucial, a angústia não tem em si nenhum conteúdo moral, nenhuma inclinação para qualquer decisão moral. Ela apenas aproxima da decisão, aproxima o indivíduo da experiência da liberdade. Esta é a diferença fundamental em relação à explicação tradicional que, pela via da concupiscência, do desejo, entendia que o indivíduo desembocaria, mais cedo ou mais tarde, no pecado. Ao revisar tal interpretação estabelecendo a centralidade do conceito de

---

64. SKS 4, p. 350; CA, p. 48.

angústia, Haufniensis chega a uma conclusão filosófica muito importante: entende que não há nada no indivíduo que o conduza necessariamente ao desespero (ou, em linguagem teológica, ao pecado), e que toda a responsabilidade pela perda do si-mesmo é sempre e irrevogavelmente uma responsabilidade do próprio indivíduo.

Kierkegaard percebe que não se pode pensar o desespero como algo determinado, necessário, e ao mesmo tempo querer sustentar a liberdade em relação a tornar-se si mesmo. O necessário não pode ser introduzido parcialmente na historicidade da existência. Ao contrário, se ele é introduzido em uma parte, ele se faz presente no todo. Como lemos em *Migalhas Filosóficas*, "caso a necessidade pudesse penetrar num único ponto, não se poderia mais falar de passado e de futuro"[65]. Assim, ou somos responsáveis por nossa existência de ponta a ponta, ou não somos responsáveis. Esses dois aspectos, a responsabilidade pelo próprio desespero (a perda de si mesmo) e a responsabilidade por tornar-se si mesmo (a recuperação do si-mesmo), devem ser distinguidos com clareza, mas não podem ser separados, são aspectos indissociáveis no pensamento de Kierkegaard.

---

65. SKS 4, p. 277; MF, p. 112.

Através do conceito de angústia, Haufniensis não explica o surgimento do desespero, mas apenas descreve a situação de alguém até o ponto imediatamente anterior à desestabilização da síntese. Na sua perspectiva, contudo, essa ausência de explicação não é uma fraqueza da reflexão, mas, poderíamos dizer, o ponto alto de uma reflexão que levou o pensamento às últimas consequências e percebeu a dificuldade inerente ao problema do mal, essa ruptura na estrutura do eu, e que não pode ser compreendida por esse eu agora rompido consigo mesmo. Segundo Vigilius Haufniensis, em *O Conceito de Angústia*, "querer explicar pela lógica a entrada do pecado no mundo é um disparate que apenas pode ocorrer a pessoas ridiculamente aflitas por encontrar uma explicação"[66].

É importante que se compreenda que a angústia não é causa do desespero, mas o sentimento ambíguo diante da possibilidade da liberdade. A diferença entre angústia e desespero é qualitativa, ou seja, uma diferença no nível do ser, e não uma diferença de mais ou de menos. Assim, por mais que a angústia aumente numa pessoa, ela nunca produz o desespero. Para Kierkegaard, pelo menos em relação às questões da existência, o aumento de quantidade nunca gera uma qualidade nova. A an-

---

66. SKS 4, p. 355; CA, p. 53.

gústia não pode ser causa do desespero, o qual não encontra causas determináveis. A angústia aproxima a pessoa de uma decisão, mas por que razão uma pessoa eventualmente toma uma decisão que instaure o desespero é algo que, no entendimento de Kierkegaard, escapa à psicologia[67].

Diante de uma possibilidade existencial e subjetiva é necessário decidir-se, e decidir-se em um terreno que está para além de critérios objetivos válidos. O grande desafio existencial, para Kierkegaard, parece ser justamente o de aprender a lidar com a angústia, aprender a decidir-se diante da indefinição de uma possibilidade, mas sem desarticular a síntese.

---

67. Deve-se notar que para Kierkegaard este entendimento também escapa à teologia. Por exemplo, quando Jesus afirma que é do coração humano que procedem más intenções, assassínios etc. (cf. Mt 15,19), isso é a descrição de uma origem, e não uma explicação.

Quarta lição

Desespero

Vimos que aprender a lidar com a própria angústia é um tema central do pensamento de Kierkegaard, e que nos angustiamos diante da possibilidade da liberdade. Entretanto, quando nos relacionamos mal com a angústia, ao nos agarrarmos a um dos polos da síntese que nos constitui, em oposição ao outro, causamos uma ruptura em nós mesmos e instauramos o desespero[68]. Toda a psicologia de Kierkegaard parte de um pressuposto fundamental, nas palavras do pseudônimo Anti-Climacus, no início de *A Doença para a Morte*: "O ser humano é uma síntese de infinitude e de finitude, do temporal e do eterno, de liberdade e de necessidade, em suma, uma síntese"[69].

---

68. O termo dinamarquês para desespero, *Fortvivlelse*, está relacionado à ideia de dúvida, *Tvivl*, e à incapacidade de estabelecer uma boa relação.

69. SKS 11, p. 129; DM, p. 43.

A partir desse entendimento do ser humano como síntese, Kierkegaard elabora tanto uma descrição do desespero, em suas diferentes facetas, quanto pensa a possibilidade de superação do desespero no processo de tornar-se si mesmo, a síntese corretamente efetivada. A rigor, toda a discussão em torno do desespero visa justamente sua superação na edificação ou construção do si-mesmo, o que pode ser visto já no título da obra de Anti-Climacus: *A Doença para a Morte – Uma exposição psicológico-cristã para edificação e despertar*. O principal aqui é a edificação e o despertar, tornar-se si mesmo. Entretanto, segundo Anti-Climacus, "[...] um médico não deve apenas prescrever remédios, mas, antes de mais nada, reconhecer a doença"[70]. Assim, nos termos dessa imagem, a doença e a cura estão dialeticamente relacionadas ao longo do desenvolvimento de *A Doença para a Morte*, o diagnóstico do desespero e o processo de tornar-se si mesmo, que implica a eliminação do desespero.

Kierkegaard entende que a síntese que nos constitui é uma relação que se relaciona consigo mesma e que foi estabelecida por um outro. Nas palavras de Anti-Climacus, "a má relação nessa relação que é para si também se reflete infinitamente

---

70. SKS 11, p. 139; DM, p. 54.

na relação para com o poder que a estabeleceu"[71]. A partir desse pressuposto, já no início da obra o autor expressa de forma condensada o que considera como cura para o desespero: "Esta é, pois, a fórmula que descreve o estado do si-mesmo quando o desespero é completamente extirpado: ao relacionar-se a si mesmo e ao querer ser si mesmo, o si-mesmo se funda transparentemente no poder que o estabeleceu"[72].

Anti-Climacus insiste em que o desespero não é algo necessário ou ontológico, como poderia parecer à primeira vista:

> Desespero é a má relação na relação de uma síntese que se relaciona consigo mesma. Mas a síntese não é a má relação, ela é apenas a possibilidade, ou, na síntese está a possibilidade da má relação. Se a síntese fosse a má relação, então o desespero absolutamente não existiria, então o desespero seria algo que estaria na natureza humana como tal, ou seja, não seria desespero; ele seria algo que aconteceu à pessoa, algo que ela sofreu, como uma doença da qual a pessoa foi acometida, ou como a morte, que é o destino de todos. Não, desesperar está no próprio ser humano; mas se ele não fosse síntese, absoluta-

---

71. SKS 11, p. 130; DM, p. 45.

72. SKS 11, p. 130; DM, p. 45.

mente não poderia desesperar, e se a síntese não saísse originalmente das mãos de Deus na correta relação, ele também não poderia desesperar[73].

Kierkegaard entende que o desespero provém do modo como a síntese se relaciona com sua própria liberdade e, por isso, não é necessário. Entretanto, entende também que, em algum nível, todas as pessoas estão em desespero. Segundo o autor, "Assim como o médico bem pode dizer que talvez não viva uma única pessoa que esteja completamente sadia, assim também se poderia dizer, se realmente se conhecesse o ser humano, que não vive uma única pessoa que não esteja um pouco desesperada"[74]. Kierkegaard entende que o desespero não é necessário, entretanto, assume também que não haja alguém completamente livre do desespero.

Anti-Climacus percebe que é possível desesperadamente não querer ser si mesmo e desesperadamente querer ser si mesmo, e inicialmente afirma que "esta segunda forma de desespero (desesperadamente querer ser si mesmo) está tão longe de meramente designar um tipo específico de desespero que, ao contrário, todo desespero pode, por fim, ser

---

73. SKS 11, p. 131-132; DM, p. 46.
74. SKS 11, p. 138; DM, p. 53.

resolvido nela e reconduzido a ela"[75]. Kierkegaard aqui aponta para um problema importante: uma vez que o desespero está na síntese, a totalidade do si mesmo, ele consequentemente atinge a vontade, de modo que a solução para a saída do desespero não pode estar fundamentada na vontade, afinal, podemos *desesperadamente querer ser nós mesmos*. Essa percepção, é claro, torna o problema da superação do desespero mais complexo, uma vez que não basta querer superá-lo. A vontade é importante, mas precisa ser qualificada na direção daquilo que dá unidade à síntese.

Adiante na argumentação do livro o autor afirmará que: "Desesperar sobre si mesmo, desesperadamente querer livrar-se de si mesmo, é a fórmula de todo desespero; portanto a outra forma de desespero, desesperadamente querer ser si mesmo, pode ser reconduzida à primeira, desesperadamente não querer ser si mesmo"[76]. A aparente contradição entre as afirmações de que todo desespero se resume a querer ser si mesmo e que todo desespero se resume a querer livrar-se de si mesmo desaparece quando se percebe que, para Kierkegaard, todo desespero é um deixar de fundar-se no poder que estabeleceu a síntese. Assim, no primeiro caso a pessoa

---

75. SKS 11, p. 130; DM, p. 44.

76. SKS 11, p. 135-136; DM, p. 51.

quer fugir do poder que estabeleceu a síntese e, no segundo, a pessoa não quer ir ao poder que estabeleceu a síntese, o que vem a dar no mesmo.

O ponto crucial para Kierkegaard é que toda fuga da síntese bem efetivada e do poder que a estabeleceu, independentemente da forma que assuma, é invariavelmente desespero e perda de si mesmo. Assim, desesperadamente querer ser si mesmo não é propriamente querer ser si mesmo, mas *querer ser um si-mesmo que não se é*, ou seja, querer livrar-se de si mesmo bem como do poder que estabeleceu a síntese. Tais pressupostos fornecem a Kierkegaard uma chave para importantes interpretações psicológicas. Por exemplo, quando um ambicioso afirma querer ser César ou nada, ele não desespera exatamente por não ter vindo a ser César, mas porque continua sendo ele mesmo, aquela pessoa que ele não quer ser: "Se tivesse se tornado César, ainda não teria se tornado si mesmo, mas teria se livrado de si mesmo; e ao não se tornar César desespera por não poder livrar-se de si mesmo"[77].

Kierkegaard mostra que a solução para o desespero só se dá pelo enfrentamento do modo como cada um efetivou e efetiva as relações da síntese, não há outro caminho. Essa questão atravessa a obra de Kierkegaard como um todo. Quando al-

---

77. SKS 11, p. 135; DM, p. 50.

guém não encaminha corretamente a questão do seu desespero, este permanece latente, não importa o quão tranquila, bem-sucedida ou organizada sua vida possa ser na superfície. No caso do ambicioso que queria ser César ou nada, o não ter se tornado César não é o que o levou ao desespero, mas um mero gatilho que trouxe à tona um desespero que o tempo todo estava latente[78].

Normalmente o desespero é identificado com expressões de raiva, furor, cólera, desânimo, desesperança etc. Entretanto, enquanto má relação da síntese, o desespero pode assumir as mais variadas formas, manifestando-se muitas vezes, inclusive, naquilo que normalmente se entenderia como o oposto do desespero: "Segurança e tranquilidade podem significar estar desesperado, justamente essa segurança, essa tranquilidade, podem ser o desespero; e podem significar também que se superou o desespero e se conquistou a paz"[79].

Que uma pessoa viva tranquilamente em seus afazeres diários, como bom cidadão, bom pai ou boa mãe etc., pode significar, por exemplo, que essa pessoa negou a infinitude que a constitui e fixou-se

---

78. Nos termos de Anti-Climacus, "assim que o desespero se mostra, então se mostra que a pessoa estava desesperada" (SKS 11, p. 140; DM, p. 55).

79. SKS 11, p. 140-141; DM, p. 56.

na mera finitude, instaurando o desespero. Entretanto, pode significar também que realizou adequadamente a síntese e, portanto, vive na finitude a partir de uma relação bem-estabelecida com a infinitude. Assim, a rigor, ninguém pode afirmar nada sobre a realização da síntese de uma outra pessoa. Kierkegaard pensa o conceito de desespero para que cada indivíduo analise a sua própria situação.

O desespero, portanto, pode assumir formas variadas. Considerando-se os polos da síntese, *o desespero da infinitude é falta de finitude*. Esse desespero está ligado ao fantástico e ao ilimitado que, tomados fora de sua relação dialética, levam a pessoa a perder-se de si mesma. De acordo com Anti-Climacus, "o fantástico é basicamente aquilo que leva uma pessoa para o infinito, de modo que apenas a leva para longe de si mesma, e, com isso, a impede de retornar a si mesma"[80]. Essa carência de finitude se fará sentir em vários desdobramentos, ou seja, na relação com a temporalidade, com o corpo, com a concretude da vida etc. Fora dessas relações a pessoa se perde no ilimitado. Por outro lado, *o desespero da finitude é falta de infinitude*. Anti-Climacus caracteriza esse desespero como

---

80. SKS 11, p. 147; DM, p. 63.

aquele que *dá valor infinito ao indiferente*[81]. Justamente por se deter na finitude, e assim se adequar a ela, esse tipo de desespero raramente é percebido como tal: "O desespero que não só causa nenhum inconveninente na vida, mas torna a vida da gente acolhedora e confortável, naturalmente não é, de jeito nenhum, tido por desespero"[82]. Do ponto de vista exterior tudo pode estar perfeitamente em ordem e, ainda assim, ou, eventualmente, por isso mesmo, a pessoa pode não ter superado o desespero, ou seja, não ter desenvolvido seu si-mesmo. Segundo Anti-Climacus, aqueles que estão nesse tipo de desespero

> usam suas capacidades, ganham dinheiro, realizam empreendimentos mundanos, contabilizam com astúcia etc. etc., talvez sejam mencionados na história, mas si mesmos eles não são; no sentido espiritual, não têm um si-mesmo, nenhum si-mesmo em virtude do qual poderiam arriscar tudo, nenhum si-mesmo [*Selv*] diante de Deus – por mais egoístas [*selviske*] que de resto sejam[83].

Assim como a partir da polaridade finitude/infinitude há duas possibilidades de desespero, assim também a partir da polaridade necessidade/possi-

---

81. SKS 11, p. 149; DM, p. 66.

82. SKS 11, p. 150; DM, p. 67.

83. SKS 11, p. 150-151; DM, p. 68.

bilidade. Como quer que a síntese seja descrita, de um lado temos o elemento que restringe e, de outro, o que amplia, e assim suas correspondentes formas de desespero. O ser humano, portanto, não é entendido como um conjunto de diferentes sínteses, mas como uma síntese que pode ser analisada sob diferentes aspectos.

Até aqui ainda não se considerou o nível de consciência que a pessoa tem do próprio desespero, o que é fundamental para a possibilidade de sua superação. Em relação à consciência, Anti-Climacus opera com gradações: o ser inconsciente de ter um si-mesmo em relação ao eterno já é desespero, mas não em sentido estrito[84]. O desespero que é consciente de ter um eu eterno e que é consciente de ser desespero pode ser dividido em *desespero fraqueza*, que é o desespero do não querer ser si mesmo, e o desespero do querer ser si mesmo, *desespero obstinação*. Tomando esses dois extremos da gradação, o desespero inconsciente é o mais comum no mundo e o desespero obstinação é o mais intenso e, paradoxalmente, o que está mais próximo da cura. Aqui o sujeito tem consciência de ter um eu no qual há algo de eterno e, contudo, quer ser si mesmo sem o eterno:

---

84. Por erro de tradução, o contrário é afirmado na maioria das edições brasileiras de *A Doença para a Morte*, as quais normalmente têm o título traduzido como *O desespero humano*.

> Então vem a obstinação, que é propriamente desespero com ajuda do eterno, o desesperado abuso do eterno, que está no si-mesmo, para desesperadamente querer ser si mesmo. Mas, precisamente porque ele é desespero com ajuda do eterno, num certo sentido ele está muito próximo da verdade; e precisamente porque ele está muito próximo da verdade, ele está infinitamente distante. O desespero que é a passagem para a fé, também tem o auxílio do eterno; com o auxílio do eterno o si-mesmo tem a coragem de perder-se a si mesmo para ganhar a si mesmo[85].

Na segunda parte de *A Doença para a Morte* o autor relaciona o conceito de desespero ao de pecado. Pecado será o desespero quando visto como diante de Deus ou com a noção de Deus. Ou seja, aqui o desespero é visto como diante do Absoluto e, assim, intensificado em seu máximo. Embora essa seja uma questão complexa, em poucas palavras a relevância desse entendimento está, em boa medida, em que a culpa que o indivíduo tem pela ruptura do seu si-mesmo, quando vista diante de Deus, perde toda gradação e se torna uma determinação de qualidade. Diante de um parâmetro relativo, a culpa é relativa e o remediar poderia ser também

---

85. SKS 11, p. 181; DM, p. 105.

relativo. Diante de um parâmetro absoluto, a ruptura tem um caráter absoluto, infinito, de modo que sua superação não possa se dar por meio de gradações ou apenas por esforço próprio. Segundo Anti-Climacus, aquele que "com toda sua força por si mesmo e apenas por si mesmo quer anular o desespero [...] ainda está em desespero *e se esforça com todo o seu suposto esforço apenas para ir ainda mais fundo em seu profundo desespero*"[86]. A saída do desespero não pode se dar a partir do próprio desespero, precisa ser operada num salto, em uma perspectiva radicalmente nova. Para essa questão não há conhecimento, objetividade, mediação, sistema, prática ética etc. que encaminhe o problema. É com esse diagnóstico filosófico elaborado a partir do entendimento de ser humano enquanto síntese, do conceito de desespero que daí decorre, e de seus vários desdobramentos, que se deve ler o conceito de fé, uma atitude a ser tomada justamente no limite do conhecimento e da objetividade.

---

86. SKS 11, p. 130; KW XIX, p. 14 – grifo meu.

Quinta lição

Fé e subjetividade

Em linhas gerais, a superação do problema do desespero não pode se dar pela via do conhecimento apenas, uma vez que a pessoa que conhece o faz a partir de sua finitude e, portanto, não tem em si condições de abarcar a infinitude e realizar a síntese de modo puramente racional. Nessa perspectiva, a razão, quando levada a seu máximo, percebe justamente seu limite, sua incapacidade de conceber a infinitude e realizar a síntese adequadamente a partir de si mesma. Kierkegaard percebe que não há saída para a superação ou cura do desespero sem um voltar-se para a subjetividade, sem uma atitude subjetiva específica. Essa atitude é pensada a partir do cristianismo e entendida como fé, embora a fé não seja apenas uma atitude subjetiva.

Em *A Doença para a Morte*, o pseudônimo Anti-Climacus trabalha com a ideia de que o que falta ao desesperado é precisamente fé. Assim, se o desespero é a desarticulação do si-mesmo e de seu sentido, a fé é o que opera a rearticulação do si-mesmo e de seu sentido. Em uma passagem central do livro, Anti-Climacus retoma aquela expressão condensada, citada no capítulo anterior, do que seria a cura para o desespero, e a relaciona diretamente ao conceito de fé:

> Mas o contrário de estar desesperado é ter fé; portanto, também está totalmente correto o que foi afirmado acima como sendo a fórmula que descreve um estado no qual não há nada de desespero, e esta é igualmente a fórmula para a fé: ao relacionar-se a si mesmo e ao querer ser si mesmo, o si-mesmo repousa transparentemente no poder que o estabeleceu[87].

Kierkegaard parte do pressuposto de que Deus é base da síntese de finitude e infinitude. Nessa lógica, a fé é entendida como aquele elemento que recoloca a finitude e a infinitude na sua correta relação, e, portanto, o que dá unidade à pessoa. Isso acontece em um processo, na tarefa de tornar-se si mesmo. Segundo Anti-Climacus:

> O si-mesmo é a síntese consciente de infinitude e finitude que se relaciona consigo mesma, cuja tarefa é tornar-se si mesma, o que só se deixa realizar na relação com Deus. Mas tornar-se si mesmo é tornar-se concreto. Mas tornar-se concreto não é

---

87. SKS 11, p. 146; DM, p. 62.

nem se tornar finito, nem se tornar infinito, pois o que deve tornar-se concreto é de fato uma síntese. O desenvolvimento deve, portanto, consistir em infinitamente afastar-se de si mesmo na infinitização do si-mesmo e infinitamente retornar a si mesmo na finitização[88].

Jens Himmelstrup, em seu *Dicionário terminológico* da obra de Kierkegaard, lembra que "concreto" vem do latim *concresco*, está relacionado a *crescer junto* e é usado por Kierkegaard em oposição a abstrato[89]. O tornar-se si mesmo não é um movimento de abstração, mas de colocar na correta relação os elementos da síntese que foram mal-relacionados no desespero. Esse processo envolve um *duplo movimento* de afastar-se de si mesmo na infinitização do si-mesmo e infinitamente retornar a si mesmo na finitização.

A ideia de duplo movimento fora elaborada primeiramente por Kierkegaard através do pseudônimo Johannes *de silentio*, em *Temor e Tremor*, onde analisa a figura de Abraão e associa diretamente os conceitos de duplo movimento e fé. É preciso dizer que esta é uma obra complexa e, como é típico dos textos de Kierkegaard, traz várias questões impor-

---

88. SKS 11, p. 146; DM, p. 62.

89. HIMMELSTRUP. "Terminologisk Ordbog", "concret".

tantes e diferentes níveis interpretativos que não poderão ser discutidos neste espaço[90]. O conceito de fé, esclarecido pela ideia de duplo movimento, é o elemento que une, no terreno da subjetividade (ou seja, para além da mediação lógica), a finitude e a infinitude, ponto-chave para a superação do desespero. É a esta questão, especificamente, que quero me ater aqui.

O mote para o desenvolvimento deste conceito é o difícil texto bíblico de Gênesis, capítulo 22, quando Abraão recebe de Deus a ordem de sacrificar o próprio filho. A interpretação de Kierkegaard para esse texto é bastante original, assim como o entendimento de fé que extrai dessa análise[91].

O autor percebe que a narrativa é atravessada por tensões bem específicas e entende que a grandeza de Abraão só aparece se elas forem seriamente consideradas. A questão crucial aqui é que, do ponto de vista da moralidade, Abraão é um assassino, uma vez que sobe a montanha para sacrificar o filho, e, do ponto de vista religioso, é, para os três

---

90. Há uma boa discussão sobre os diferentes níveis de interpretação em *Temor e Tremor* em GREEN. "Developing Fear and Trembling", p. 257-281.

91. Ao discutir a questão da fé em *Temor e Tremor*, utilizo algumas formulações de meu artigo "Religião, temporalidade e corporeidade em Kierkegaard".

grandes monoteísmos, o pai da fé. Segundo Johannes *de silentio*:

> Falte porventura a coragem para conduzir até ao fim o pensamento e dizer que Abraão era um assassino, bem melhor será ganhar então a devida coragem em vez de desperdiçar tempo com elogios imerecidos. A expressão ética para o que Abraão fez é: ele quis assassinar Isaac, a expressão religiosa é: ele quis sacrificar Isaac; mas é nesta contradição que reside precisamente a angústia, muito bem capaz de deixar um homem insone, e todavia Abraão deixa de ser quem é sem essa angústia[92].

O texto de Gênesis deixa claro que a história de Abraão gira em torno de uma provação ou tentação. Johannes *de silentio* observa, contudo, que normalmente uma tentação é aquilo que tende a desviar a pessoa de cumprir com o seu dever. A situação de Abraão, contudo, torna-se peculiar porque, nas palavras do autor, "aqui a tentação em si mesma é o ético que o impedirá de cumprir a vontade de Deus"[93].

O ponto-chave para a interpretação que *de silentio* faz da história de Abraão é que este, quando, depois de três dias de viagem, avista o monte do

---

92. SKS 4, p. 126; TT, p. 83.

93. SKS 4, p. 153; TT, p. 118.

sacrifício, afirma a seus servos: "'Permanecei aqui com o jumento. Eu e o menino iremos até lá, adoraremos e voltaremos a vós'"[94]. Este plural, *voltaremos*, é decisivo na narrativa, pois indica que Abraão tinha esperança de voltar com Isaac. Trata-se aqui da esperança que se articula não na certeza da objetividade, mas na certeza de uma aposta existencial, na aposta que enfrenta a incerteza objetiva[95] e mantém a esperança de retornar com o filho[96].

A partir dessa leitura o pseudônimo *de silentio* chega à ideia de duplo movimento: o despojar-se de tudo – no caso de Abraão, abrir mão do próprio filho ao subir a montanha para sacrificá-lo – e, ao mesmo tempo, manter a esperança de reaver o que foi renunciado. O *primeiro movimento*, o despojar-se, o autor caracteriza como *resignação infinita*.

---

94. Gn 22,5.

95. Três anos depois da publicação de *Temor e Tremor*, Kierkegaard desenvolve, sob o pseudônimo Johannes Climacus, no *Pós-escrito conclusivo às* Migalhas Filosóficas (1846), a noção de "incerteza objetiva" ligada à fé. Em linhas gerais, a fé não se fundamenta em razões objetivamente estabelecidas, mas se constitui como aposta existencial que enfrenta a *incerteza objetiva*. Embora *Temor e Tremor* e *Pós-escrito* sejam obras bastante diferentes, neste ponto encontramos na obra de 1846 um desenvolvimento de uma temática posta já em *Temor e Tremor*. Além do mais, a noção de incerteza objetiva estará ligada ao conceito de "escândalo", desenvolvido fundamentalmente em *Migalhas Filosóficas* (1844) e *Prática no cristianismo* (1850).

96. Cf. SKS 4, p. 130-131; TT, p. 90.

Trata-se da entrega da finitude e da temporalidade. Segundo *de silentio*, "na resignação infinita há paz e repouso; qualquer homem que o queira [...] pode disciplinar-se de maneira a fazer o movimento que na sua dor reconcilia com a existência"[97].

A resignação infinita é um movimento fundamental para a existência, uma vez que é só nesse abandono da finitude, ou, no adquirir uma independência em relação à finitude, que, nas palavras de Johannes *de silentio*, "me clarifico para mim mesmo na minha validade eterna e só então se poderá falar em captar a existência por força da fé"[98]. Esse movimento de abandono da realidade concreta, abandono da finitude e da temporalidade, isso que aqui é caracterizado como resignação, é o que normalmente se entende como fé. Para Kierkegaard, este seria um grave equívoco; a resignação é decisiva, mas é apenas um dos momentos dialéticos da fé.

Abraão, ou aquele que *de silentio* caracteriza como *cavaleiro da fé*, continua a partir do ponto onde o herói trágico havia parado. Segundo o autor, o cavaleiro da fé,

> faz exactamente o mesmo que o outro cavaleiro; abdica infinitamente do amor que é o conteúdo da sua vida e está re-

---

97. SKS 4, p. 140; TT, p. 102.
98. SKS 4, p. 140; TT, p. 103.

> conciliado com a dor; mas acontece então o prodígio – faz ainda um movimento, o mais espantoso de tudo, pois afirma: creio todavia que fico com ela[99] propriamente por força do absurdo, por força de a Deus tudo ser possível[100].

O ponto central do conceito kierkegaardiano de fé não está no despojar-se, na resignação, mas, tomando o caso de Abraão, na crença de que obteria Isaac de volta depois de tê-lo abandonado. Abraão se coloca em uma relação absoluta com o Absoluto e, nesse sentido, abandona Isaac, abandona o seu dever moral de pai para cumprir a ordem divina, pois sobe a montanha para sacrificá-lo. No entanto, fé não é o abandono da finitude, da realidade concreta e temporal. O duplo movimento envolve este retorno paradoxal à temporalidade e à finitude. O conceito de fé é cunhado na conjunção dos dois movimentos: "pois o movimento da fé tem de ser sempre realizado por força do absurdo, mas atente-se bem, *de modo a que a finitude não se perca,*

---

99. O contexto em questão é o de um jovem enamorado: "Um rapaz apaixona-se por uma princesa e todo o conteúdo da sua vida reside nesse amor, o relacionamento é contudo de tal espécie, que é impossível ser concretizado, é impossível ser traduzido da idealidade para a realidade" (SKS 4, p. 135-136; TT, p. 97). O autor compara, diante desse mesmo caso, quais seriam as atitudes do ponto de vista da resignação e, agora, do ponto de vista da fé.

100. SKS 4, p. 141; TT, p. 103.

antes seja ganha por inteiro"[101]. Kierkegaard aplica ao conceito de fé uma percepção que está presente também em outros textos seus: aquele que aprendeu a abrir mão da realidade e, posteriormente, a ela retornou, tem muito mais deleite com a realidade do que aquele que nunca aprendeu a abandoná-la. Em seus *Três discursos edificantes*, de 1843, afirma: "porque aquele que possui o mundo inteiro como se não o possuísse tem o mundo todo – de outra forma é possuído pelo mundo"[102]. O que caracteriza a fé, portanto, não é um abandono da realidade, mas uma ressignificação da realidade.

Kierkegaard não separa o movimento da fé e o movimento da existência, quando bem realizado. E justamente porque o movimento de tornar-se si mesmo não é fácil ou ligeiro, mas envolve decisão, risco, incerteza e solidão, assim também a fé. No *Pós-escrito*, no contexto de uma discussão em torno dos limites da mediação, Climacus afirma que se a tarefa da existência "consiste em exercitar a relação absoluta, então a existência se torna enormemente tensa, pois é continuamente feito um movimento duplo"[103].

---

101. SKS 4, p. 132; TT, p. 92 – grifo meu.

102. SKS 5, p. 96; KW V, p. 90.

103. SKS 7, p. 372; PE-II, p. 126.

Este movimento concerne a cada indivíduo isoladamente. Kierkegaard percebe que sua cultura, de um modo geral, procura responder a partir de fora àquelas questões que só podem ser respondidas pelo próprio indivíduo. Nenhuma decisão existencial pode ser transferida sem ser falsificada. É nesse sentido que o indivíduo é solitário. No contexto da história de Abraão, *de silentio* afirma que, "nestas paragens, o companheirismo é impensável"[104].

A impossibilidade de um companheirismo nessas questões se estenderia também para a cultura. Kierkegaard não negaria que a cultura nos fornece um horizonte de compreensão, fundamental para qualquer entendimento. Entretanto, ele critica a ideia de que o desenvolvimento da cultura encaminharia ou facilitaria o encaminhamento das questões individuais. Em *Temor e Tremor*, ele usa uma imagem bastante esclarecedora a esse respeito:

> Se alguém que quisesse aprender a dançar afirmasse: ora, há séculos que uma geração atrás da outra aprende posições, é chegada a hora de eu tirar proveito desta vantagem e, sem mais delongas, começar pela contradança francesa – decerto que se ririam dele um pouco; mas no mundo

---

104. SKS 4, p. 163; TT, p. 131.

do espírito, acha-se isto extremamente plausível[105].

Como toda questão crucial da existência, o duplo movimento só pode ser aprendido pelo próprio indivíduo. O máximo que um terceiro pode fazer nesse sentido é tornar a pessoa atenta para a necessidade do movimento individual.

À medida que a fé tem parte de seu movimento no abandono da finitude em direção ao infinito, ela possui uma relação importante com a angústia e com a possibilidade, e, quando a união desses elementos é bem-estabelecida, a angústia é formadora do indivíduo. Este argumento foi elaborado no quinto capítulo de *O Conceito de Angústia*: "Angústia como o que salva por meio da fé". Nesse texto o autor afirma que "a angústia é a possibilidade da liberdade; só esta angústia é, pela fé, absolutamente formadora; à medida que consome todas as coisas finitas, descobre todas as suas ilusões". E, adiante: "Aquele que é formado pela angústia é formado pela possibilidade, e só quem é formado pela possibilidade está formado de acordo com a sua infinitude. A possibilidade é, por conseguinte, a mais pesada das categorias"[106]. O que a possibilidade faz

---

105. SKS 4, p. 140; TT, p. 102.

106. SKS 4, p. 455; CA, p. 164.

é exaurir a finitude de sua pretensa capacidade de fundamentar a existência, é esgotar a finitude – e aqui há aproximações com a resignação.

Enquanto alguém está determinado pelas condições da finitude apenas, enquanto ainda não colocou a própria existência em jogo ao considerar a possibilidade, ainda não se desenvolveu completamente. Haufniensis afirma:

> A vida mais presa ao dia a dia tem, com certeza, acontecimentos suficientes, mas o cerne da questão é a possibilidade na individualidade que é honesta consigo mesma. Conta-se de um ermitão hindu que vivera por dois anos só de orvalho, que ele certo dia foi à cidade, provou vinho e caiu no vício da bebida [...][107].

É preciso encarar honestamente a possibilidade: o que eu faria se pudesse isso ou aquilo? Como agiria? Quem me tornaria? Para Kierkegaard, se não refletir sobre tais questões, encarando a possibilidade, o sujeito não forma sua individualidade. Entretanto, quando reflete sobre tais questões, percebe a necessidade de encaminhar o sentido de sua existência, sua própria subjetividade, num terreno que está para além da finitude, das circunstâncias e do pensamento objetivo. É no horizonte dessa

---

107. SKS 4, p. 456; CA, p. 166.

discussão que a fé, enquanto duplo movimento, mostra-se como possibilidade consistente de reestruturação do si-mesmo.

Uma vez exaurida a finitude no exercício da possibilidade, o indivíduo depende necessariamente de uma relação adequadamente estabelecida com o infinito. Esta, contudo, o devolve à finitude, e isso é o duplo movimento, é a fé como Kierkegaard a entende. A angústia, à medida que se relaciona com a possibilidade, auxilia o indivíduo nesse processo. Segundo Haufniensis:

> Mas aquele que penou na infelicidade ao frequentar o curso da possibilidade perdeu tudo, tudo, como nunca ninguém na realidade o perdeu. [...] então também ganhou tudo de volta como na realidade ninguém jamais recobrou, ainda que tivesse recobrado tudo decuplicado; pois o discípulo da possibilidade ganhou a infinitude, e a alma do outro teria expirado na finitude [...]. Ele afundou absolutamente, mas logo emergiu outra vez do fundo do abismo, mais leve do que tudo o que há de penoso e horroroso na vida[108].

---

108. SKS 4, p. 457; CA, p. 167.

Sexta lição

Paradoxo

Vimos que a recuperação da relação entre finitude e infinitude se articula no conceito de fé enquanto duplo movimento. Abraão, em *Temor e Tremor*, é como que uma personificação dessa ideia. Até aqui contudo se lidou apenas com a forma da fé. Kierkegaard anota em seus *Diários*, no ano de 1850 (*Temor e Tremor* data de 1843), que: "A fé de Abraão é a definição formal de fé"[109]. Ele entende, contudo, que essa forma deve se relacionar a um conteúdo específico, e este é o paradoxo.

Este conteúdo da fé será fundamental porque se o processo de tornar-se si mesmo envolve a realização da síntese, este processo só será realizado pelo indivíduo se, de alguma forma, ele puder pressupor que esta realização seja possível, efetivável, ou seja, que ela tenha realidade efetiva. Esta realidade Kierkegaard entende como o paradoxo do eterno

---

109. JP I 12.

no tempo, do infinito no finito. Por uma questão de consistência interna de sua obra, Kierkegaard situa o paradoxo como o lugar, por assim dizer, no qual a questão do tornar-se si mesmo é decidida.

Este paradoxo não pode ter seu sentido atribuído pela existência; antes, é ele que atribui sentido à existência. Ele é o pressuposto. Daí todo o famoso protesto de Kierkegaard às tentativas de se desdobrar racionalmente, traduzir, explicar o paradoxo[110]. O tema do paradoxo constitui, obviamente, uma questão teológica importante. Mas é igualmente uma questão filosófica: se o desespero é a desarticulação de finitude e infinitude, como vimos, o pressuposto de todo sentido só pode ser a relação desta polaridade corretamente estabelecida. Tal pressuposto, contudo, sempre transcende a razão objetiva e as mediações lógicas e se apresenta como paradoxo, ou seja, o infinito que penetra na finitude, o eterno que entra no tempo, o universal que se particulariza – sem perder sua universalidade. Dado que o ser humano é concebido como síntese, assumir o processo de tornar-se si mesmo

---

110. Essa questão é amplamente discutida ao longo do *Pós-escrito às Migalhas Filosóficas*. Para uma leitura pontual da questão, cf. o vol. I, 1ª parte, cap. 2: A consideração especulativa. Nesse capítulo o autor reflete a partir do contraste entre, por um lado, a objetividade e o distanciamento próprios do pensamento especulativo, e, por outro, o interesse infinito, apaixonado, envolvido no paradoxo do cristianismo.

implica necessariamente em pressupor que essa relação seja possível, daí a centralidade do paradoxo no pensamento de Kierkegaard.

Em outras palavras, toda a questão gira em torno de viver na finitude a partir de um sentido que transcende essa mesma finitude, sem negá-la, antes a ressignificando. Essa é uma questão fundamental da existência, e que torna a própria vida paradoxal. *Migalhas Filosóficas* é uma das principais obras de Kierkegaard para a discussão do paradoxo. No início do livro, a questão desse paradoxo da existência é posta em terminologia religiosa, em três perguntas que nortearão a problemática da obra e do próprio conceito de paradoxo: "Pode haver um ponto de partida histórico para uma consciência eterna? Como pode um tal ponto de partida interessar-me mais do que historicamente? Pode-se construir uma felicidade eterna sobre um saber histórico?"[111]

O pano de fundo para a formulação dessas perguntas fora elaborado por Gotthold Ephraim Lessing (1729-1781), que em 1777 publicara um importante texto intitulado *Sobre a demonstração do Espírito e da força*. Lessing distingue entre dois tipos de verdades, aquilo que chama de *verdades contingentes da história*, de um lado, e *verdades necessárias da razão*, de outro.

---

111. SKS 4, p. 213; MF, p. 5.

As verdades da história nunca podem fornecer uma verdade absoluta ou necessária (necessária no sentido daquilo que não poderia ser de outro modo). O histórico é sempre dependente da crença em relatos e testemunhas que, como sabemos, são sempre situados e, inevitavelmente, parciais. Sua verdade, assim, é sempre aproximativa, contingente. Por outro lado, há aquilo que Lessing chama de *necessárias verdades da razão*, e que inclui as verdades lógicas e matemáticas, que repousam num fundamento epistemológico completamente diferente daquele do conhecimento histórico (o conhecimento matemático, por exemplo, não está sujeito à relatividade do histórico).

É importante compreender que a diferença entre esses dois âmbitos não é uma diferença quantitativa, mas *qualitativa*, uma diferença no nível do ser. Assim, por mais que um conhecimento histórico aumente, ele nunca poderá produzir algo do âmbito de uma verdade da razão. O que Lessing percebe, entretanto, e que será muito importante para Kierkegaard, é que a distinção entre esses dois tipos de verdade terá desdobramentos para o entendimento da existência. Assim como há essa diferença entre as verdades históricas e as verdades da razão, assim também há uma diferença *qualitativa* entre verdades históricas e verdades existenciais. Essas últimas dizem respeito ao sentido da vida, àquilo cuja perda seria irreparável, ou àquilo pelo que poderíamos colocar nossa própria vida em jogo. É isso o que Climacus, naquelas perguntas iniciais, está chamando de *consciência eterna* ou *felicidade eterna*.

Lessing, em seu texto, dá um exemplo interessante da mencionada diferença entre os dois tipos de verdades e da tensão que pode surgir entre eles:

> Todos nós acreditamos que viveu um certo Alexandre, que em curto tempo conquistou quase toda a Ásia. Quem, porém, pretenderia, baseado nessa crença, arriscar qualquer coisa que fosse de grande e duradoura importância, cuja perda fosse irreparável? Quem pretenderia, seguindo essa crença, renegar eternamente todo conhecimento que conflitasse com essa crença? Eu, na verdade, não[112].

Em termos técnicos podemos dizer, com Lessing, que "*verdades históricas contingentes jamais podem vir a ser a demonstração de necessárias verdades da razão*"[113]. Mas se quisermos, em termos mais existenciais, podemos dizer, também com o mesmo Lessing, que não colocaríamos em risco "qualquer coisa que fosse de grande e duradoura importância, cuja perda

---

112. LESSING. *Sobre a demonstração do espírito e da força*, p. 382.

113. Ibid., p. 381 – grifos no original.

fosse irreparável", em função de um saber histórico. Estamos aqui no centro de uma cisão fundamental, e entre esses dois tipos de verdades temos aquilo que Lessing chama de "horrível e largo fosso que eu não consigo transpor, por mais frequente e seriamente que eu tenha tentado o salto"[114].

Lessing percebe, e Kierkegaard o acompanha nesse ponto, que o que as religiões fazem é, partindo de relatos históricos e, portanto, contingentes, oferecer uma certeza qualitativamente distinta, que estaria no âmbito daquilo que teria validade permanente, cuja perda seria irreparável. O cristianismo, por exemplo, está baseado em relatos históricos, como os evangelhos e as epístolas, e, a partir disso, oferece uma verdade fundamental para a existência. A dificuldade é a de como operar a passagem de um âmbito a outro. Kierkegaard parece perceber, contudo, que se esse é um problema para a religião, ele é um problema para a vida como um todo. Quer uma pessoa seja religiosa, quer não, ela terá de enfrentar a dificuldade de que de alguma maneira estabelece valores e crenças que entende como supremos, mas inevitavelmente o faz a partir de sua historicidade, da contingência. Isso pode dizer

---

114. Ibid., p. 383. Utilizo aqui algumas reflexões elaboradas anteriormente em meu texto "Religião, linguagem e existência – Proposta de uma articulação".

respeito à religião de alguém, mas também a uma relação de amor, a um ideal de vida, às esperanças que nutre, a suas utopias etc. Nessa perspectiva, ninguém está livre de enfrentar aquilo que Lessing chama de um *feio e largo fosso*. A religião, nesse sentido, no modo como Kierkegaard a compreende, aponta para um aspecto crucial da existência, um aspecto que não poderia ser negligenciado por ninguém.

No limite, estamos lidando aqui com o sentido da vida, com aquilo que reputamos como uma verdade fundamental e com a questão de como nos relacionamos com ela. Por isso, depois de ter colocado, no início de *Migalhas*, aquelas três perguntas, baseadas em Lessing, o autor colocará diretamente a pergunta: "Em que medida pode-se aprender a verdade?"[115] Essa pergunta parafraseia o início do diálogo *Mênon*, de Platão, que perguntava pela possibilidade de se aprender a virtude[116]. O problema posto por Lessing e aquele parafraseado a partir de Platão lidam com uma mesma e importante questão para Kierkegaard, a de como um indivíduo histórico apreende uma verdade existencial.

O que temos em *Migalhas Filosóficas* é o contraste entre dois modelos de pensamento, duas dife-

---

115. SKS 4, p. 218; MF, p. 27.

116. Cf. SKS 4, p. 218-219; MF, p. 27-28.

rentes respostas a essa questão, e que o autor denomina simplesmente "A" e "B". Em "A" é desenvolvida a resposta socrática[117] a essa dificuldade, e em "B" temos um modelo "hipotético" que se encaminhará ao paradoxo como uma solução consistente e alternativa à resposta socrática para o problema da verdade, e que posteriormente será identificada com o cristianismo.

Em relação a Sócrates, Climacus afirma que este resolve a questão explicando que todo aprender não é senão um recordar. Assim, a verdade não é trazida ao aprendiz, mas já estava nele, ele já possuía a verdade desde sempre. Nesse sentido, Sócrates desempenha o papel de uma parteira[118]. Contudo, no entendimento de Climacus, se o encontrar a verdade é descobrir aquilo que já se possuía e que já se era desde toda a eternidade, então essa descoberta não tem uma relação radical com a temporalidade, mas retroage sempre ao eterno. Uma das consequências desse modo de pensar é que o histórico não é valorizado por si mesmo, mas como mera ocasião para remeter ao eterno[119]. E assim como o histórico será apenas uma *ocasião*

---

117. Sócrates, em *Migalhas Filosóficas*, representa fundamentalmente o pensamento de Platão.

118. SKS 4, p. 219; MF, p. 28.

119. Cf. SKS 4, p. 220; MF, p. 29.

em relação à descoberta da verdade, assim também será o mestre, uma vez que ele apenas faz o parto da verdade que já estava no sujeito.

O problema com o socrático, no contexto de *Migalhas Filosóficas*, é que este não conceberia uma mudança radical do sujeito no processo histórico, o sujeito estaria de algum modo pré-determinado pelo metafísico, pelo atemporal[120]. Por essa razão, no modelo alternativo "B", que quer responder ao problema da verdade em um modo diferente do socrático, Climacus inicia estabelecendo o pressuposto de que o instante no tempo tenha um valor fundamental, que o histórico tenha valor em si[121]. Isso significa para Kierkegaard que o histórico não

---

120. Para Kierkegaard o idealismo do século XIX, *em suas linhas gerais*, é uma continuação do platonismo. Sócrates, assim, funciona em *Migalhas Filosóficas* como um personagem no qual parte da filosofia do século XIX poderia se reconhecer. Cf. EVANS. *Passionate reason*, p. 29.

121. Em relação ao contraste entre cristianismo e platonismo (este representado pela figura de Sócrates) desenhado em *Migalhas Filosóficas*, é preciso ter em mente que: 1) Kierkegaard está operando aqui com pensamentos propositalmente esquemáticos (afirma que seu método é algébrico), ou seja, quer mostrar as linhas gerais, as diferenças dos paradigmas; 2) está ocupado fundamentalmente com o paradoxo, que entende como o núcleo do cristianismo e o núcleo da existência; 3) está conscientemente se opondo à mediação lógica enquanto instrumento para a explicação do cristianismo e da existência; 4) uma outra questão seria quais outras relações Kierkegaard percebe entre cristianismo e platonismo. Tais relações certamente vão além do apresentado em *Migalhas Filosóficas* e não são de mera oposição em todos os casos.

é o reflexo ou o desdobramento daquilo que somos desde toda a eternidade. Pelo contrário, é justamente o lugar onde podemos nos tornar diferentes, podemos vir a ser nós mesmos. Assim, seguindo esse raciocínio, Kierkegaard não parte do pressuposto de que o ser humano já possui a verdade desde sempre. Usando termos do pseudônimo Anti-Climacus, podemos dizer que aqui não se parte do pressuposto de que a síntese já estaria corretamente efetivada desde sempre, antes, se percebe a síntese como desequilibrada na existência, ou seja, se toma o desespero, a fratura, como ponto de partida. Daí que, em *Migalhas Filosóficas*, o pseudônimo Climacus fale do ser humano como não-verdade, fale em pecado[122].

No entendimento de Climacus, é justamente porque o indivíduo se torna a não-verdade por si mesmo que a sua situação é inescapável. Segundo o autor: "E ninguém, em verdade, acha-se tão terrivelmente cativo, e de nenhum cativeiro é tão impossível evadir-se como daquele no qual o indivíduo mesmo se mantém!"[123] Tal percepção psicológica leva sua filosofia a um limite: por si mesmo,

---

122. SKS 4, p. 222-226; MF, p. 32-38. Ressalto que o termo "pecado" em Kierkegaard só pode ser entendido ao se levar em consideração a ideia da má relação da síntese.

123. SKS 4, p. 226; MF, p. 37.

o ser humano não se liberta da situação de não-verdade ou desespero na qual se colocou. Seguindo essa lógica, a verdade terá de vir até o indivíduo, o infinito terá de penetrar na finitude, o eterno no tempo. Como lemos no *Pós-escrito*:

> De que modo surge o paradoxo? Ao serem justapostos a verdade essencial eterna e o existir. Por conseguinte, quando os reunimos na própria verdade, a verdade se torna então um paradoxo. A verdade eterna surgiu no tempo. É isso o paradoxo[124].

Kierkegaard insistirá na incompreensibilidade desse paradoxo. Em diferentes momentos de sua obra argumentará que o paradoxo, quando visto sob a perspectiva do pensamento especulativo, será qualificado como *escândalo* e *absurdo*. No *Pós-escrito* lemos:

> O que, então, é o absurdo? O absurdo é que a verdade eterna veio a ser no tempo, que Deus foi gerado, nasceu, cresceu etc., veio a ser como qualquer humano, a ponto de não se poder diferenciá-lo de um outro ser humano[125].

O que se deve perceber é que, para Kierkegaard, o paradoxo, este ponto incompreensível, é

---

124. SKS 7, p. 191; PE-I, p. 220.
125. SKS 7, p. 193; PE-I, p. 221.

um paradigma que acentua radicalmente a existência. O ser humano precisa realizar a síntese que o constitui a partir da sua historicidade, assumindo que a verdade eterna, paradoxalmente, pode se fazer presente na história. Este ponto é central no *Pós-escrito*:

> Se já Sócrates havia percebido como era complicado, especulando, abstrair-se da existência e remontar à eternidade, quando nenhuma complicação havia para o existente senão o fato de que ele existia, além de que o existir fosse o essencial: agora ficou impossível. Ele precisa andar para a frente; recuar é impossível[126].

A consideração radical de Kierkegaard em relação ao desespero ou, na linguagem de *Migalhas*, pecado, torna o recuo impossível, de modo que a verdade tenha que ser procurada na própria historicidade. Citando novamente o *Pós-escrito*:

> Se o sujeito acima mencionado foi impedido pelo pecado de retomar-se a si mesmo na eternidade, agora não deve mais se preocupar por causa disso, pois agora a verdade eterna, essencial, já não se encontra lá atrás, mas veio para a frente dele, pelo fato de ela mesma existir, ou ter existido, de modo que se o indivíduo, existin-

---

126. SKS 7, p. 191; PE-I, p. 220.

do, na existência, não alcançar a verdade, jamais a alcançará[127].

A verdade não é encontrada recuando no atemporal, mas na própria existência, na temporalidade, no paradoxo. A citação acima continua com as seguintes palavras: "a existência jamais poderá ser mais acentuada do que agora"[128]. Esta acentuação implica a realização da síntese que é o si-mesmo, o que acontece na relação com o paradoxo. Kierkegaard, contudo, não faz apologia do paradoxo ou do cristianismo. Isso, para ele, já seria uma má compreensão do paradoxo. O paradoxo, no seu entendimento, constitui uma alternativa consistente à proposta socrática e ao que ela representa, e implica decisão individual.

---

127. SKS 7, p. 191; PE-I, p. 220.
128. SKS 7, p. 191; PE-I, p. 220.

Sétima lição

Amor

A reflexão sobre o amor é fundamental na obra de Kierkegaard como um todo. Embora tenha escrito um volume com mais de quatrocentas páginas sobre o assunto, *As Obras do Amor – Algumas considerações cristãs em forma de discurso* (1847), a questão do amor não se restringe a esse livro, mas atravessa o conjunto da obra. Essa centralidade do amor está ligada ao entendimento do ser humano como síntese. Kierkegaard se insere numa longa tradição que entende que o amor é justamente o que vincula o temporal e a eternidade. Segundo *As Obras do Amor*: "Pois o que vincula o temporal e a eternidade, o que é, senão o amor, que justamente por isso existe antes de tudo, e permanece depois que tudo acabou"[129]. Justamente por ser o que vincula o temporal e a eternidade, o amor é a condição sem a qual a síntese não se efetiva corretamente.

---

129. SKS 9, p. 14; OA, p. 20. Cf. tb. 1Cor 13,8-13.

A preocupação de Kierkegaard se centra na prática do amor, em sua ação. Em relação ao livro de 1847, *As Obras do Amor*, Álvaro Valls afirma que seu título tem uma dupla origem:

> [...] nasce do *Banquete* platônico e do cristianismo. Do *Symposion*: Sócrates lá se queixa de que a combinação prévia era louvarem o deus Eros, mas em vez disso os debatedores teriam se restringido a expor "as obras do amor efetuadas no coração dos mortais", isto é, em vez de elogiarem o próprio amor (*Éros*), discursavam sobre suas obras, seus efeitos. Pois agora o autor do livro de 1847 leva em conta esta observação, dizendo no "Prefácio": "São 'considerações cristãs', por isso não sobre – 'o amor', mas sim sobre – 'as obras do amor'"[130].

Acima, afirmamos que esse amor é a condição sem a qual a síntese não se efetiva corretamente. Na lição anterior vimos que o paradoxo é a realidade dessa efetivação e, assim também, condição para a correta efetivação da síntese. Considerando-se essas duas premissas, segue-se logicamente que paradoxo e amor devem se identificar na obra de Kierkegaard. Isso pode ser percebido com bastante clareza em vários textos, mas de modo muito especial em *Mi-*

---

130. VALLS. *Entre Sócrates e Cristo*, p. 119.

galhas Filosóficas, onde todo o processo de união paradoxal de eternidade e temporalidade no mestre divino se dá essencialmente por amor[131].

Entretanto, se o amor é o vínculo que realiza a síntese, e, nesse sentido, ele é central na existência, Kierkegaard tem consciência de que aquilo que normalmente chamamos de amor pode ser apenas uma forma um pouco mais sofisticada de egoísmo e amor de si mesmo e, nesse sentido, ele pode não significar nada. Nesse ponto, talvez teríamos que dar razão a La Rochefoucauld, para quem "nossas virtudes são apenas, no mais das vezes, vícios disfarçados"[132], e o amor que afirmamos ter pelo outro pode ser mero interesse pelo que ele tem a nos

---

131. Conforme SKS 4/MF: "Mas se não é por necessidade que se move, o que é que o move, o que será, senão o amor? Pois o amor justamente não tem a satisfação do desejo fora dele, mas em si mesmo. Sua decisão, que não entretém uma relação recíproca direta com a ocasião, deve existir desde toda a eternidade, embora, realizando-se no tempo, ela se torne justamente o instante [...]" (SKS 4, p. 232; MF, p. 46). • "O amor deve, pois, dirigir-se àquele que aprende e o fim deve ser o de ganhá-lo, pois só no amor o diferente se iguala, e só na igualdade e na unidade há compreensão, mas sem aquela compreensão perfeita o mestre não é o deus" (SKS 4, p. 232; MF, p. 47). • "Pois o amor é regozijante quando une iguais, mas triunfante quando iguala no amor os que eram desiguais!" (SKS 4, p. 234; MF, p. 49) • "Foi por amor que ele se tornou seu salvador!" (SKS 4, p. 239; MF, p. 56). • "Mas o amor não transforma o amado, mas transforma a si próprio" (SKS, 4, p. 239; MF, p. 56).

132. LA ROCHEFOUCAULD. *Reflexões ou sentenças e máximas morais*, p. 11.

oferecer. Kierkegaard demonstra estar bem ciente dessa dificuldade, e bem atento aos ensinamentos do moralista francês[133].

Na obra de 1847, Kierkegaard desenvolverá um argumento central para toda a sua reflexão sobre o amor, o de que o encaminhamento para essa dificuldade estará justamente no *dever de amar o próximo*. A verdade do amor, sua autenticidade, por assim dizer, surge somente a partir de uma relação corretamente estabelecida com o dever. Segundo Kierkegaard,

> o amor que se submeteu à transformação da eternidade em se tornando dever, e ama porque *deve* amar, é independente, tem a lei de sua existência na própria relação do amor para com o eterno. Este amor jamais pode tornar-se dependente no sentido não verdadeiro, pois a única coisa de que ele depende é o dever, e o dever é a única coisa que liberta. O amor imediato torna um ser humano livre, e no instante seguinte dependente. [...] O dever, ao contrário,

---

133. Vale a pena ler o modo como Kierkegaard se refere a este autor em seus *Diários*: "Um dos mais distintos, mais experimentados e testados, assim como um dos mais nobres observadores dos quais a nação francesa pode se gabar, o duque de La Rochefoucauld" (JP VI 6747).
Kierkegaard possuía em sua biblioteca o livro *Reflexões ou sentenças e máximas morais* em tradução para o alemão, em edição de 1784 (a edição original data de 1664). Cf. ROHDE. *Auktionsprotokol over Søren Kierkegaards Bogsamling*, p. 50, registro 739.

torna um homem dependente e no mesmo instante eternamente independente[134].

Se o amor pelo outro estiver baseado apenas em suas qualidades, isso pode ser um amor de si mesmo disfarçado, um amor não pelo outro, mas, nos termos de Kierkegaard, um amor pelo outro si, o outro eu[135]. Por outro lado, se o amor está baseado num dever que é heterônomo, também aí não haveria amor. O que Kierkegaard entende por dever de amar significa tornar interior, subjetiva, a relação fundamental do amor para com o eterno. É isso que ele entende por *transformação da eternidade* na citação acima. Ou seja, trata-se de, em liberdade, estabelecer a relação para com o amor como o fundamento, como o pressuposto para toda outra relação. É a partir disso que se fala em dever de amar o próximo.

Kierkegaard entende que o próximo deve ser visto como qualquer pessoa. Como lemos em *As Obras do Amor*:

> Quem é então meu próximo? A palavra é manifestamente formada a partir de "estar próximo", portanto, o próximo é aquele que está mais próximo de ti do que todos os outros, contudo não no sentido de uma

---

134. SKS 9, p. 45-46; OA, p. 56.
135. SKS 9, p. 60; OA, p. 73.

predileção; pois amar aquele que no sentido da predileção está mais próximo de mim do que todos os outros é amor de si próprio[136].

À medida que o próximo pode ser qualquer pessoa, ele é aquele que não tem qualidades a oferecer[137], ou seja, a relação para com ele não está baseada na estética, no interesse, na sensação, antes, deve estar baseada numa relação primeira com o amor. A partir disso, Kierkegaard estabelece uma conexão fundamental para a compreensão dessa reflexão: *"Se amar não fosse um dever, também não haveria o conceito de próximo; mas só se extirpa o egoístico da predileção e só se preserva a igualdade do eterno quando se ama o próximo"*[138].

O amor ao próximo é a chave para a difícil tarefa de eliminação do egoísmo nas relações ou, se quisermos, para pensar o amor tentando ir além daquelas questões percebidas com tanta perspicácia por La Rochefoucauld e pelo moralismo francês. É claro que este não é um caminho fácil, e uma

---

136. SKS 9, p. 28-29; OA, p. 36.

137. Note-se que aqui se fala do próximo *enquanto próximo*. É claro que qualquer pessoa pode ter muito a oferecer a outra, e Kierkegaard não nega isso (cf. o cap. I da 2ª parte de *As Obras do Amor*, "O amor edifica"), mas o ponto de partida deve estar na relação com o amor, e não nas qualidades do outro.

138. SKS 9, p. 51; OA, p. 63 – grifos no original.

das suas dificuldades pode ser a de que o próximo se transforme numa abstração na qual se ama a todas as pessoas, mas a ninguém concretamente. No contexto dessa discussão Kierkegaard fala dos subterfúgios do amor: "O mais perigoso de todos os subterfúgios a respeito do amor consiste em querer unicamente amar o invisível ou aquilo que não se viu"[139]. Diante disso, o autor pensa o próximo a partir de critérios sensoriais, e escreve todo um capítulo em *As Obras do Amor* intitulado "Nosso dever de amar as pessoas que nós vemos"[140]. O amor ao próximo acontece na história, na concretude.

A partir do que foi desenvolvido, entende-se que Kierkegaard pensa o amor ao próximo como independente das qualidades do outro. Entretanto, aqui poderíamos nos perguntar se essa independência em relação às qualidades do outro não negaria aspectos cruciais da vida do amor. Não eliminaria o amor apaixonado e o amor da amizade, *eros* e *philia*, que desejam justamente o outro com suas qualidades, com sua beleza, inteligência, coragem etc.?

Deve-se notar que a questão para Kierkegaard não é a de eliminar essas qualidades, mas, no amor ao próximo, eliminar o egoísmo. É só ao aprender a amar para além das qualidades do outro que se

---

139. SKS 9, p. 162; OA, p. 190.

140. SKS 9, p. 155-174; OA, p. 182-204.

estabelece uma relação efetiva com amor. A partir disso pode-se aprender a amar o amigo e o/a companheiro/a de modo não egoísta, e então retomar *eros* e *philia*. Conforme *As Obras do Amor*:

> Em outras épocas, quando as pessoas se esforçavam seriamente por compreender o especificamente cristão no contexto da vida, acreditou-se que o cristianismo tivesse algo contra o amor natural, porque este se baseava num instinto, e acreditava-se que o cristianismo que, enquanto espírito, estabeleceu a discórdia entre a carne e o espírito, odiava o amor natural como sensualidade. Mas isso era um mal-entendido, um exagero de espiritualidade. [...] justamente porque o cristianismo é espírito em verdade, ele entende por sensual algo de diferente daquilo que se costuma chamar imediatamente o sensual, e tão pouco como pretendeu proibir ao homem de comer e de beber, tão pouco escandalizou-se com um instinto que o homem não deu a si mesmo. Pelo sensual, pelo carnal, o cristianismo entende o egoístico [...][141].

A questão central é justamente colocar o ser humano na totalidade da síntese de finitude e infinitude que o constitui. Toda má relação na síntese

---

141. SKS 9, p. 59; OA, p. 72. Tradução levemente modificada.

instaura, como vimos, justamente o desespero, a ruptura do si-mesmo consigo mesmo. Assim, eliminar o corpóreo e a sensualidade consistiria exatamente em desespero, ou seja, o oposto da unidade que é dada pelo amor enquanto aquele que une temporalidade e eternidade.

Entretanto, deve-se notar que se o indivíduo pode experimentar essa relação com amor e, a partir disso, ressignificar sua relação para consigo mesmo e para com o outro, ele deve pressupor que o fundamento dessa relação esteja presente também no outro. Pressupor esse fundamento no outro é fazer avançar o amor, e é isso o que Kierkegaard chama de edificação:

> [O] amoroso pressupõe constantemente que o amor está presente, justamente assim ele edifica. [...] o homem amoroso que edifica só tem um único método, pressupor o amor [...]. É assim que ele favorece a eclosão do bem, ele faz crescer com amor o amor, ele edifica[142].

Ao se pressupor amor no outro, o modo como se vê o outro e como se interpreta suas ações é alterado. A mudança da subjetividade altera a percepção de quem vê. No discurso edificante *O amor cobre uma multidão de pecados*, de 1843, Kierke-

---

142. SKS 9, p. 219-220; OA, p. 248-249.

gaard escreve que, quando se trata de olhar para o próximo, de interpretar suas ações,

> [...] não depende, então, meramente do que se vê, mas o que se vê depende de quem vê; toda observação é não apenas um receber, uma descoberta, mas também um dar à luz, e à medida que é assim, a maneira como o observador é ele mesmo constituído é de fato decisiva. [...] Quando a malícia vive no coração, o olho vê escândalo, mas quando a pureza habita no coração, o olho vê o dedo de Deus[143].

O amor é elemento-chave para a realização da síntese de finitude e infinitude que constitui aquilo que somos, justamente por ser entendido como o que conecta esses elementos. É claro que isso terá diversos efeitos práticos para a existência como um todo, e o interesse de Kierkegaard é focar nesses efeitos, em *As Obras do Amor*. Seu interesse não está em realizar uma investigação metafísica sobre o amor. Ele entende que isso não é nem possível, nem consistente, seja do ponto de vista do cristianismo, seja do ponto de vista de seu entendimento de filosofia[144].

---

143. SKS 5, p. 69-70; KW V, p. 59-60.
144. Cf. SKS 9, p. 13-24; OA, p. 19-31.

Por fim, deve-se dizer ainda que o entendimento que Kierkegaard tem de amor não deve ser identificado com complacência, felicidade ou facilitação da vida. O amor é chave para a realização da síntese do si-mesmo e, assim, chave para construção de sentido existencial, mas isso não significa tornar a vida mais fácil. Pelo contrário, para Kierkegaard a melhor maneira de deixar a vida fácil é torná-la insignificante[145]. O que o amor propõe é o contrário disso.

---

145. Cf. SKS 26 (NB 33:51 – 1854). "*A queda mais profunda da raça humana* está de fato reservada para os tempos mais recentes. Há uma descoberta que o ser humano fez, e ele está feliz com sua descoberta: o modo de deixar a vida fácil é torná-la insignificante" – grifo no original.

Oitava lição

Repetição

Nas árvores selvagens, são bem cheirosas as flores, nas domesticadas, os frutos[146].

O processo de tornar-se si mesmo é indissociável da questão da produção de sentido existencial. Mas como produzir esse sentido? Normalmente, quando experimentamos prazer ou alegria, buscamos a continuidade dessa experiência, queremos repeti-la, e isso parece produzir sentido. Entretanto, filosoficamente cabe perguntar em que medida esse tipo de repetição é realmente produtor de sentido, ou mesmo se ele é possível. Ou, ainda, que outras formas de repetição poderia haver?

Kierkegaard se ocupa com essas questões ao longo de sua obra como um todo, mas dá um tratamento especial ao problema em *A repetição: Um*

---

146. In: SKS 4, p. 8; Rep., p. 29. A citação é de Flávius Philostratus, *As histórias de heróis*.

ensaio em psicologia experimental[147]. O livro é publicado sob o sugestivo pseudônimo, *Constantin Constantius*, em 16 de outubro de 1843.

Esse tipo de questão envolve aquilo que Kierkegaard chama de dupla reflexão (cf. "Segunda lição"), ou seja, para além da compreensão dos conceitos é preciso transformar o problema em uma experiência pessoal. Assim, em *A repetição* o autor não nos apresenta um tratado filosófico sobre este conceito, mas uma obra literária que nos coloca em contato com o modo como seus dois personagens *experimentam* a repetição: o pseudônimo Constantin Constantius, que narra sua experiência em primeira pessoa, e um jovem anônimo, que vive uma relação amorosa e se corresponde com Constantius. Compreende-se mal Kierkegaard ao se pensar que uma obra, por ser romanceada, teria menor valor filosófico do que se fosse um tratado. Nesta lição acompanharemos a narrativa literária mais de perto.

O livro inicia trazendo o leitor para a experiência que Constantius teve com a repetição. Já nas primeiras linhas o pseudônimo/personagem conta

---

147. Uma das opções iniciais de Kierkegaard para o subtítulo fora "Um ensaio em filosofia experimental". Cf. H. & E. HONG, in: KW VI (*Supplement*), p. 276. Essa indicação ajuda a compreender, o que a obra deixará claro, que a repetição é um conceito psicológico, mas não apenas psicológico, não pode ser restrito à psicologia.

que por bastante tempo havia se ocupado "com o problema de saber se uma repetição é possível e qual o significado que tem, de saber se uma coisa ganha ou perde em repetir-se [...]"[148]. Assim, num monólogo inicial ele toma a seguinte decisão: "podes afinal ir a Berlim, já lá estiveste uma vez, e agora prova a ti mesmo se uma repetição é possível e o que significa"[149].

Em sua primeira viagem, Constantius havia vivido momentos de muito prazer, o que pode ser claramente percebido por suas memórias, descritas em tons belos e poéticos. Chegando a Berlim, em sua segunda visita, Constantius vai logo procurar o lugar onde se hospedara anteriormente, buscando o mesmo prazer estético de antes. Nisso, entretanto, não encontra satisfação, e não alcança a repetição que está buscando. A própria cidade, contudo, estava muito diferente, envolta numa nuvem de poeira. E onde quer que fosse, Constantius encontrava uma experiência muito diferente e distante do prazer anterior, seja no hotel, no café ou no teatro. Depois de tais situações terem se repetido por alguns dias, o personagem conclui: "A minha descoberta não era significativa, e contudo era curiosa; pois havia descoberto que simplesmente não existe repetição

---

148. SKS 4, p. 9; Rep., p. 31.
149. SKS 4, p. 9; Rep., p. 31.

e tinha-me convencido disso à custa de o ver repetido de todas as maneiras possíveis"[150]. O problema particular de Constantius parece algo universal, o de procurar o sentido da repetição na exterioridade, nas coisas, e não em si mesmo.

No desenrolar da trama de *A repetição*, Constantius volta para sua casa e tenta encaminhar sua experiência com a repetição a partir de uma ordem rígida e exterior:

> Em toda a minha economia instalara-se uma ordem monótona e uniforme. Tudo o que não podia andar estava no seu lugar definido, e o que podia andar progredia no seu andamento pré-determinado: o meu relógio da sala, o meu criado e eu próprio, que com passos medidos percorria o pavimento para cá e para lá. Apesar de ter me convencido de que não existe repetição, continua contudo a ser sempre verdade e coisa certa que, com inflexibilidade e também embotando as nossas faculdades de observação, consegue-se obter uma uniformidade que tem um poder de longe mais atordoante do que as mais divertidas distrações e que com o correr do tempo vai se tornando cada vez mais forte, como uma fórmula encantatória[151].

---

150. SKS 4, p. 45; Rep. p. 76.

151. SKS 4, p. 50; Rep. p. 83.

Como não encontrara a repetição nas incertezas de uma viagem, de volta a sua casa Constantius força um tipo de situação que culmina não na repetição, mas numa *uniformidade atordoante* em que toda a insegurança e o imponderável parecem eliminados. A vida então se torna maquinal. A conclusão à qual chegara Constantius, de que simplesmente não há repetição, é, de certo modo, a conclusão de que a vida não tem sentido[152]. Prestemos atenção aos termos com os quais o personagem descreve sua situação: "uma ordem monótona e uniforme"; "lugar definido"; "andamento pré-determinado". E não parece ser à toa que numa mesma frase Constantius coloque a si mesmo e a seu criado em paralelo com o seu relógio da sala! Eis a vida maquinal. E Constantius fala ainda em *inflexibilidade*, *uniformidade* e no *correr do tempo*, como se o tempo fosse algo de exterior ao indivíduo[153].

Através da experiência frustrada de seu pseudônimo, Kierkegaard deixa claro que não se chega à repetição pela força de uma lei heterônoma ou a partir da exterioridade, isso porque assim a síntese que nos constitui não é recuperada em sua totali-

---

152. "Sim, se não houvesse repetição, o que seria a vida?" (SKS 4, p. 10; Rep. p. 33).

153. Cf. ROOS. "Entre Sísifo e Job: Repetição e existência em Kierkegaard".

dade. Para chegar a sua uniformidade atordoante Constantius precisa transformar sua existência em completa necessidade, negando o polo da possibilidade e, com isso, negando a própria liberdade. Mas nunca se chega à repetição negando aquilo que se é.

Ora, a questão colocada em jogo por Kierkegaard obviamente não diz respeito ao fato bruto daquilo que se repete ou não – pois o próprio Constantius pode repetir sua ida ao teatro ou ao café quantas vezes quiser –, mas ao sentido que se percebe ou não naquilo que se repete e, desse modo, à repetição que imprimimos a nós mesmos e à nossa relação para com a realidade.

Curiosamente, à época de Kierkegaard, *A repetição* fora interpretada como sucessão de movimentos necessários e exteriores ao indivíduo. Em dezembro de 1843, Johan Ludwig Heiberg (1792-1860)[154] publicou seu anuário *Urania*, onde consta uma resenha sua de *A repetição*. Naquele texto Heiberg demonstrou ter compreendido o conceito de repetição como se dissesse respeito aos movimentos da natureza e dos astros e não à tarefa da liberdade. Em *O Conceito de Angústia* encontra-

---

154. Poeta, especialista em estética, dramaturgo, crítico de arte, tradutor, diretor do Teatro Real de Copenhague, astrônomo amador e figura influente no cenário intelectual da Copenhague de Kierkegaard.

mos algumas referências aos equívocos de Heiberg e àquela resenha:

> Na esfera da natureza, a repetição está em sua inabalável necessidade. Na esfera do espírito, a tarefa não consiste em se extrair da repetição uma mudança, e procurar sentir-se mais ou menos bem sob a repetição, como se o espírito estivesse numa relação apenas exterior com as repetições do espírito (segundo as quais o bem e o mal alternariam como verão e inverno), mas a tarefa consiste em converter a repetição em algo de interior na tarefa própria da liberdade, no seu supremo interesse, se ela verdadeiramente pode, enquanto tudo à volta se modifica, realizar a repetição. Aqui desespera o espírito finito. Foi o que Constantin Constantius indicou retraindo-se ele mesmo, e deixando a repetição irromper no jovem em virtude do religioso. Por isso Constantin diz várias vezes que a repetição é uma categoria religiosa, transcendente demais para ele, o movimento por força do absurdo, e se lê na p. 142[155] que a eternidade é a verdadeira repetição. De tudo isso o Sr. Prof. Heiberg nada percebeu[156].

---

155. Nas edições atuais: SKS 4, p. 88; Rep. p. 132.

156. SKS 4, p. 326-327 (nota); CA, p. 20 (nota).

Kierkegaard quer pensar a existência em movimento, na esfera da liberdade e não na necessidade das relações lógicas ou do sistema filosófico. As questões da existência, as decisões cruciais da vida, não podem ser baseadas na lógica. Há uma diferença qualitativa entre esses dois âmbitos. Kierkegaard escreveu uma resposta à resenha de Heiberg, que nunca publicou, e que está em seus *Diários*[157], na qual afirmou que "para evitar esse erro ou esse compromisso dúbio entre o lógico e a liberdade, eu pensei que 'repetição' poderia ser usada na esfera da liberdade"[158].

A repetição só é compreendida na esfera da liberdade, e a liberdade, por sua vez, só é compreendida na esfera do amor. Nesse ponto, algumas elaborações de *As Obras do Amor* ajudam a lançar luz sobre o conceito de repetição. Na perspectiva dessa obra a liberdade somente emerge a partir de uma relação corretamente estabelecida com o amor. Ao se assumir o dever de amar o próximo, como vimos, a regra de ação passa a encontrar-se na interioridade do indivíduo, de modo que ele vem a ser independente em relação às mudanças no objeto de seu amor. A relação primeira com o amor é

---

157. Valiosas porções dessa resposta são encontradas no suplemento de KW VI, p. 283-323.

158. KW VI (*Supplement*), p. 308.

o pressuposto fundamental de toda outra relação, seja com o outro, seja consigo mesmo. O eterno, assim, é o fundamento da continuidade na relação para com aquilo que se modifica no tempo. É exatamente por isso que ele fundamenta a liberdade, a liberdade de permanecer amando quando tudo se modifica, de manter o vínculo com o eterno e simultaneamente assumir radicalmente a vida na temporalidade. Isso é a realização da síntese, é liberdade, e é condição de possibilidade da verdadeira repetição (*Gjentagelse*).

Isso é o que faltara a Constantin Constantius, que transformou toda a sua vida em inflexibilidade, uniformidade, andamento pré-determinado, ou seja, num grande hábito carente de interioridade. A perspectiva da repetição, quando iluminada pelo amor, propõe o contrário disso:

> Só o eterno, e portanto aquilo que se submeteu à transformação da eternidade em se transformando em dever, constitui o imutável, mas o imutável justamente não pode transformar-se em hábito. [...] mas o eterno jamais envelhece e jamais se torna um hábito rotineiro[159].

Nesse contexto, é importante lembrar que Haufniensis havia dito que *a eternidade é a verdadei-*

---

159. SKS 9, p. 44-45; OA, p. 55.

ra repetição. É no contexto dessa discussão que o amor ilumina o enigma da repetição. O conceito de repetição, assim, está articulado com os conceitos de fé – veja *Temor e Tremor*, publicado no mesmo dia – e de amor. Embora fé e amor sejam conceitos distintos na obra de Kierkegaard, eles não podem ser separados[160]. Quem captou com clareza tal conexão não foi Constantius, mas o jovem com quem se correspondia. Refletindo sobre a situação de Jó, o jovem afirma: "Quando toda a existência se abateu sobre ti e se espalhou à tua volta como cacos de uma bilha, terás tu tido prontamente essa contenção sobre-humana, *terás tido prontamente a interpretação do amor, a franqueza da confiança e da fé?*"[161] E, adiante: "Job *mantém-se firme* na sua afirmação, fazendo-o de tal maneira que nele *são visíveis o amor e a confiança*"[162].

Ao final, o jovem percebera que o amor e a fé estabelecem uma perspectiva de *continuidade* para a existência. E é justamente nessa união entre a continuidade do eterno e aquilo que se modifica no tempo que se dá o genuíno movimento, a repe-

---

160. Esta relação é especialmente clara em OA, já desde a primeira página. Cf., por exemplo, as p. 18-19; 30-31; 256s.

161. SKS 4, p. 66; Rep., p. 103 – grifo meu.

162. SKS 4, p. 76; Rep., p. 118 – grifo meu. Cf. ROOS. "Entre Sísifo e Job: Repetição e existência em Kierkegaard".

tição, uma produção consistente de sentido. O erro de Constantius parece ter sido buscar a repetição a partir de eventos exteriores, e não a repetição do processo de tornar-se si mesmo.

A verdadeira repetição implica no cultivo de si mesmo e das próprias relações a partir do amor tomado como pressuposto fundamental. É importante notar, no contexto dessa discussão, que a epígrafe de *A repetição*, colocada também como epígrafe desta lição, havia sido inicialmente rascunhada por Kierkegaard vinculando diretamente a ideia do *cultivo* à ideia do *amor*, o que elucida a questão: "Nas árvores selvagens, são bem cheirosas as flores, nas domesticadas, os frutos [...]; mas os frutos do espírito são o amor (cf. Gl 5,22)"[163].

---

163. KW VI (*Supplement*), p. 276.

Nona lição

Existência

O conceito de existência é central na obra de Kierkegaard, a ideia de que nossa existência não está pronta ou determinada, mas que temos de nos tornar nós mesmos num processo que envolve esforço, risco, decisão, fé, responsabilidade. Todos os grandes temas e conceitos de sua obra gravitam em torno da questão do tornar-se si mesmo ou tornar-se cristão e, nesse sentido, de o que significa existir. Vimos que o conceito de angústia auxilia a compreender o sentimento ambíguo diante da possibilidade de realização da síntese de finitude e infinitude, o conceito de desespero clarifica o que é essa relação mal-efetivada, e os conceitos de fé, paradoxo, amor e repetição lidam com o que seria a correta efetivação da síntese e seus efeitos. Assim, para compreendermos o que Kierkegaard entende por existência, é preciso ter em mente sua concepção do ser humano como síntese e, consequentemente, que a realização dessa síntese se dá por um processo constante.

No *Pós-escrito* Climacus escreve: "Mas o que é a existência? É aquela criança que foi gerada pelo infinito e o finito, pelo eterno e o temporal, e que, por isso, está continuamente esforçando-se"[164]. Esse processo e esse esforço possuem algumas especificidades que precisam ser consideradas.

Em primeiro lugar, deve ser dito que a existência não cabe no pensamento especulativo ou num sistema. Segundo Climacus,

> Um sistema da existência [*Tilværelsens System*] não pode haver. Então não existe um tal sistema? De modo algum! Isso não está implicado no que foi dito. A existência mesma é um sistema – para Deus, mas não pode sê-lo para algum espírito existente [*existerende*]. Sistema e completude se correspondem mutuamente, mas existência é justamente o contrário. Visto abstratamente, sistema e existência não se deixam pensar conjuntamente porque, para pensar a existência, o pensamento sistemático precisa pensá-la como suspensa e, portanto, não como existente. Existência é o que abre espaço, que aparta um do outro; o sistemático é a completude, que reúne[165].

---

164. SKS 7, p. 91; PE-I, p. 96.
165. SKS 7, p. 114; PE-I, p. 124.

Kierkegaard entende que no sistema os conceitos se articulam por necessidade, numa relação intrínseca, e que isso implica completude. A existência, ao contrário, é entendida como abertura, um processo que se desenvolve no âmbito da temporalidade e da liberdade. Assim, o sistema só poderia pensar o ser humano abstrato, a humanidade pura[166]. Embora a relação entre sistema e existência seja um tema bastante complexo na obra de Kierkegaard, essa distinção e esse contraste, entre o sistema e a existência, é uma preocupação que atravessa sua obra como um todo. Em 1851 o autor anota em seus *Diários*: "o Sistema 'avança por necessidade', é o que se diz[167]. E veja, nem por um momento ele é capaz de avançar sequer meia polegada na existência, a qual avança em liberdade"[168].

Kierkegaard admite sua admiração pela genialidade de Hegel e seu desejo de aprender dele,

---

166. No contexto de uma discussão em que explora a tensão entre o modo como o sistema pensa o ser humano, por um lado, e a exigência ética da vida, por outro, Climacus utiliza, em relação ao sistema, o termo *den rene Menneskehed*, a humanidade pura. O adjetivo *ren* significa puro, também no sentido de limpo. Assim, ao tratar o ser humano dessa maneira, o sistema e a filosofia especulativa excluiriam de suas abordagens justamente aqueles temas que são os mais caros a Kierkegaard. Cf. SKS 7, p. 291; PE-II, p. 34.

167. Kierkegaard entende que a rigor ele não avança. Cf. SKS 7, p. 106-107; PE-I, p. 113-116.

168. JP II 1616.

mas admite também sua frustração a respeito do que sua filosofia tem a oferecer à existência e suas questões. Em 1845, no ano em que está trabalhando intensamente na redação de *Pós-escrito*[169] – o livro onde essas questões recebem seu tratamento mais acabado – Kierkegaard anota em seus *Diários*:

> Eu tenho recorrido a livros filosóficos e entre eles aos de Hegel [...]. Seu conhecimento filosófico, sua impressionante erudição, a argúcia do seu gênio e tudo o mais de bom que pode ser dito de um filósofo, eu quero reconhecer como qualquer discípulo; entretanto, não, não reconhecer – essa é uma expressão eminente demais –, eu quero admirar, quero aprender dele. Mas, todavia, não é menos verdade que alguém que é realmente experimentado na vida, que na sua necessidade recorre ao pensamento, achará Hegel cômico, apesar de toda a sua grandeza[170].

Essa ênfase no aspecto cômico é normalmente o que sobressai nos textos de Kierkegaard. O autor enfatiza recorrentemente que, nesse distanciamento para com a existência, o sistema e o pensamento especulativo levariam o indivíduo a esquecer de exis-

---

169. Kierkegaard trabalhou no livro entre final de abril e meados de dezembro daquele ano e a publicação data de 27 de fevereiro do ano seguinte, 1846.

170. JP II 1608.

tir[171], a tornar-se um observador[172]. Kierkegaard, contudo, enfatiza que a tarefa do pensador subjetivo é justamente a de compreender-se a si mesmo na existência[173]. E essa existência acontece fundamentalmente na temporalidade, no histórico, onde, pelo menos para as questões da existência, não se estabelece uma relação necessária entre os conceitos.

Contra esse entendimento, contudo, poderíamos ser tentados a argumentar que todo evento histórico, uma vez que tenha acontecido, torna-se imutável e, nesse sentido, necessário. Assim, parece que po-

---

171. SKS 7, p. 114-120; PE-I, p. 124-131.

172. Jon Stewart argumentará que isto não pode ser entendido como uma crítica a Hegel e à filosofia especulativa em si, pois "a filosofia especulativa não compele ninguém a esquecer de si mesmo e da própria existência; antes, é a própria atitude para consigo mesmo e para com a filosofia especulativa que leva a isso" (STEWART. *Kierkegaard's Relations to Hegel Reconsidered*, p. 485). A tese central de Jon Stewart no livro citado é a de que muitas vezes Kierkegaard não está discutindo diretamente com Hegel e com a filosofia especulativa, mas questionando o uso que seus contemporâneos dinamarqueses fizeram, muitas vezes de modo inadequado, de categorias hegelianas. Nesse sentido o termo "relações", no plural, parece muito bem colocado no título do livro de Stewart. Ao mesmo tempo em que pesquisadores têm se sentido iluminados por essa tese, ela tem sido criticada por esmaecer ou apagar aspectos importantes do pensamento de Kierkegaard que transcendem a Copenhague do século XIX. Sobre uma discussão da relação entre Kierkegaard e Hegel a partir de alguns argumentos importantes do *Pós-escrito*, e da leitura que Stewart faz deles, cf. o excelente trabalho do jovem pesquisador brasileiro Victor M. Fernandes, *Kierkegaard e Hegel* – Reconsiderando a relação entre o *Pós-escrito* e a *Ciência da Lógica*.

173. Cf. SKS 7, p. 321; PE-II, p. 68.

deríamos elaborar um conhecimento necessário do histórico e, consequentemente, da existência[174]. Em *Migalhas Filosóficas*, no seu *Interlúdio*, Climacus argumentará que a necessidade do histórico é diferente de uma necessidade metafísica. Uma vez que o histórico aconteceu ele não pode mais ser modificado e, nesse sentido, torna-se necessário. Mas isso não significa que ele seja necessário no mesmo sentido que a metafísica. O histórico aconteceu justamente porque era possível, e não necessário. E uma vez acontecido, mesmo que não mude, continua permanecendo no âmbito do possível. Segundo Climacus, "tudo o que vem a ser mostra, justamente pelo fato de devir, que não é necessário, pois a única coisa que não pode devir é o necessário, porque o necessário *é*"[175]. A implicação disso é que nunca é possível um conhecimento necessário ou metafísico do histórico[176]. A percepção disso nos

---

174. Embora aqui se fale do necessário em relação ao passado, Kierkegaard entenderá que uma vez que a necessidade é introduzida no histórico, ela é introduzida na totalidade do histórico, ou seja, o necessário nunca poderia ser introduzido parcialmente. Cf. "Terceira lição".

175. SKS 4, p. 274; MF, p. 106 – grifo no original.

176. Para questões em torno desse tema, cf. PIEPER & ROOS. "Religião, existência e temporalidade – Paralelos entre Kierkegaard e Heidegger". • Para a influência de Agostinho sobre a noção de tempo em Kierkegaard, cf. QUAGLIO. *Tempo, eternidade e verdade* – Pressupostos agostinianos da ideia de paradoxo absoluto em Kierkegaard, especialmente o cap. 2.

coloca sempre de novo diante da questão posta por Lessing[177], e a existência não tem outra saída a não ser lidar com ela, assumi-la e enfrentá-la.

A tarefa da existência é o tornar-se si mesmo, e uma das ênfases que atravessa a obra de Kierkegaard é que cada um deve assumir esse risco, reconhecendo que não há parâmetros objetivos para a realização da tarefa. Não conseguimos reunir todo o conhecimento necessário para a tomada de nossas decisões existenciais – dado que para tais questões o conhecimento é sempre aproximativo – e, ainda assim, temos que decidir, assumindo o risco e a responsabilidade pela decisão e pela tarefa que nela está implicada. Em *As Obras do Amor*, preocupado com a existência em suas ações práticas, Kierkegaard escreve:

> O saber coloca tudo na possibilidade, e neste sentido está fora da efetividade da existência, na possibilidade; só com um *ergo*, com *a fé*, o indivíduo começa sua vida [...]. O saber não comporta nenhuma decisão; a decisão, o estado de determinação e a firmeza pessoal, só ocorre num *ergo*, na fé. O saber é a arte infinita do duplo sentido ou a duplicidade infinita: ele

---

177. Cf. "Sexta lição".

consiste, no seu máximo, em equilibrar possibilidades opostas[178].

Utilizamos o conhecimento, a informação, a objetividade e nossa capacidade de abstração na maior parte de nossas questões e decisões do dia a dia, e isso está correto. O ponto ao qual Kierkegaard chama a atenção é que diante das questões decisivas de nossa existência, diante daquelas decisões sobre assumir um determinado modo de vida, sobre as posturas éticas que tomamos, sobre a aposta que fazemos sobre o sentido de nossas vidas e as consequências que advêm disso, diante daquelas decisões que realmente implicam angústia, o conhecimento é sempre limitado e nos leva a aporias, ou seja, conseguimos reunir bons argumentos tanto para um lado quanto para seu oposto. O conhecimento é importante, mas não pode ser o fundamento de nossas decisões existenciais.

É no quadro dessa discussão que Kierkegaard estabelece limites para a ideia de mediação, especialmente no contexto da filosofia hegeliana. Para as decisões cruciais da existência, nós não conseguimos estabelecer todas as mediações. É nesse sentido que as decisões existenciais implicam um salto, sempre arriscado, entre o que conseguimos

---

178. SKS 9, p. 232; OA, p. 262.

elaborar no nível conceitual, de um lado, e o que podemos e devemos realizar na existência concreta, de outro. Negar esse salto é negar a si mesmo.

A questão aqui não é sobre filosofar ou não, mas sobre como filosofar. No *Pós-escrito* Climacus escreve:

> Tão logo seja lembrado que filosofar não é falar fantasticamente a seres fantásticos, mas consiste em que se fale a existentes; que, portanto, não se deve decidir fantasticamente *in abstracto* se o esforço continuado é algo menor do que a completude sistemática, mas que a questão consiste em saber com o que seres existentes devem se contentar, enquanto são existentes, então o esforço continuado será a única coisa que não envolve um engano[179].

O esforço continuado envolve justamente o compreender-se a si mesmo na existência[180], compreender que o si-mesmo é uma síntese de finitude e infinitude, que se realiza num processo de decisão, risco e responsabilidade individual.

No contexto dessa discussão normalmente se fala da famosa teoria dos estádios da existência, o *estético*, o *ético* e o *religioso*. Esta teoria esclarece

---

179. SKS 7, p. 116-117; PE-I, p. 127.
180. Cf. SKS 7, p. 321; PE-II, p. 68.

alguns elementos importantes do pensamento de Kierkegaard. Entretanto, é preciso dizer que tanto a teoria em si quanto sua abordagem apresentam uma série de dificuldades que devem ser consideradas com atenção. Em primeiro lugar a teoria dos estádios simplifica demasiadamente o pensamento de Kierkegaard, e normalmente causa uma falsa impressão a seu respeito. Em segundo lugar, essa teoria não é tão clara em Kierkegaard quanto a maioria dos manuais normalmente faz parecer, e deixa uma série de questões em aberto. A esse respeito vale a pena citar a posição de Jon Stewart:

> Essa estrutura [o estético, o ético e o religioso] tem sido o alicerce das introduções a Kierkegaard por quase um século, e tem sido usada tão frequentemente que hoje em dia é um clichê. O problema é que ela é demasiadamente esquemática e não faz justiça à riqueza do pensamento de Kierkegaard. Além disso, não é possível determinar em que medida o próprio Kierkegaard concebeu sua obra como um todo dessa maneira, e a importância desse famoso esquema de desenvolvimento pode, em certo sentido, ser considerado como um simples resultado de sua constante repetição na literatura secundária[181].

---

181. STEWART. *Søren Kierkegaard* – Subjetividade, ironia e a crise da modernidade, p. 12.

Assim, se o esquema apresenta suas dificuldades internas e se ele não é adequado para apresentar a obra de Kierkegaard como um todo, disso não segue que não se possa analisar os importantes conceitos dos estádios estético, ético e religioso e algumas de suas relações e, com isso, aprofundar a noção de existência em Kierkegaard[182].

A existência estética procura fundamentar-se a partir de noções como o agradável e o desagradável, o prazer, o interessante etc. É claro que tais elementos fazem parte da vida. A questão para Kierkegaard, contudo, é que eles não podem ser a base da existência. O ponto-chave aqui é que a existência estética tem sede de infinitude, mas procura saciá-la com a própria finitude. Esse descompasso leva à fragmentação do si-mesmo (desespero). Isso é expresso por Kierkegaard em vários textos ou figuras, especialmente em *Ou-ou* e em *Estádios no caminho da vida*, mas também, por exemplo, no modo como Constantin Constantius é apresentado em *A repetição*, como vimos. É importante notar que o estádio estético não é necessariamente carente de reflexão, um intelectual pode usar de sua reflexão para com ela tentar saciar seu desejo de infinitude, e com isso se afastar ainda mais da correta relação

---

182. Para uma diferente abordagem do tema, cf. WIDENMANN. "The Concept of Stages".

da síntese que o constitui. Além disso, o estético e sua infinitização do finito podem facilmente também se travestir de religião[183]. A ironia pode levar a pessoa a perceber a contradição que a habita no estádio estético, o que pode conduzi-la ao ético.

No estádio ético a pessoa toma consciência de que não deve buscar satisfação fora de si ou tentar preencher seu desejo de infinitude com algo finito. A figura máxima do estádio ético é o Juiz Wilhelm, da segunda parte de *Ou-ou* e *Estádios no caminho da vida*. Se para o esteta a felicidade está ligada ao prazer, para o ético ela está ligada ao cumprimento da lei, à realização do universalmente humano. A questão aqui não é a tentativa de se eternizar na repetição do prazer, como no estético, mas *escolher a si mesmo em sua validade eterna*[184]. A pessoa ética não apenas cumpre com a lei moral, mas se identifica com ela, de modo que o ético vem a ser visto como produtor de sentido. Nas palavras do Juiz, "quem está na posse de si mesmo na sua eterna validade decerto que encontra a sua significação nesta

---

183. A religião envolve estética, mas ela deveria ser mais do que isso, deveria promover a relação adequada da síntese que é o si-mesmo. Entretanto, quando ela infinitiza o finito, acaba por fazer o contrário disso. Esse é, *grosso modo*, o contexto da polêmica de Kierkegaard com a Igreja oficial da Dinamarca.

184. SKS 3, p. 205; *Ou-ou* II, p. 221.

vida"[185]. Entretanto, ao se aprofundar em si mesma, a pessoa pode vir a perceber como é difícil cumprir satisfatoriamente com a lei moral e que, nessa perspectiva, a ética é um fundamento frágil para a constituição do si-mesmo. Nesse ponto o humor[186], como limite entre o ético e o religioso, ressalta a contradição inevitável de se tentar fundamentar a existência na ética.

O estádio religioso é dividido por Kierkegaard em A e B. A religiosidade A surge a partir do autoaniquilamento do indivíduo diante da impossibilidade de produzir a si mesmo, e da consequente necessidade de Deus como auxílio. Na religiosidade A, a relação com Deus é imanente, no sentido de que o indivíduo encontra Deus em si mesmo. A religiosidade B é a religiosidade paradoxal. Aqui o indivíduo se encontra aniquilado em sua tentativa de produzir a si mesmo e não encontra Deus em algum tipo de relação imanente. Nesse sentido ele depende da vinda de Deus em Cristo, entendido como a verdade e o amor que encarna e se oferece ao indivíduo. Cristo é entendido como a presença do eterno no tempo e, por isso, a possibilidade de

---

185. SKS 3, p. 184; *Ou-ou* II, p. 201.

186. Trata-se de um termo técnico no pensamento de Kierkegaard, que, embora tenha relação com o gracejo que pode emergir das contradições da vida, não se resume a isso.

realização da síntese que se desestruturara no desespero, agora visto como pecado, porque entendido como diante de Deus.

Em linhas bem gerais, esta é uma representação dos estádios da existência. A percepção de Jon Stewart, colocada acima, e que aponta limites a essa teoria e a suas representações, não é nova. Em 1972 Stephen Crites escrevera que quando vamos às obras pseudônimas nas quais essa teoria é desenvolvida, encontramos dificuldades: "os estádios se mostram imprecisos [...]. Não há um único livro em que esse esquema tripartite é desenvolvido sem ambiguidade como sendo a representação dos estádios"[187]. Este alerta é importante e, ainda assim, como vimos, os conceitos de estético, ético e religioso são fundamentais no pensamento de Kierkegaard e ajudam a aprofundar a noção de existência como realização e construção de si mesmo, como processo de tornar-se um indivíduo.

---

187. CRITES. "Pseudonymous Authorship as Art and as Act", p. 201.

Décima lição

Indivíduo

Em diferentes momentos, quando Kierkegaard pensa em sua obra como um todo, estabelece o conceito de indivíduo como central. Em *O ponto de vista da minha atividade como autor* – escrito em 1848 e publicado postumamente em 1859 –, tendo em mente o início de sua obra, escreve: "[...] eu tinha decidido que eu era um autor religioso cuja preocupação é com 'o indivíduo', uma ideia ('o indivíduo' *versus* 'o público') na qual estão concentradas toda uma vida e uma visão de mundo"[188]. Em 1851, em *Sobre minha obra como autor*, escreve em tom semelhante:

> Aqui novamente o movimento é: *chegar ao simples*; o movimento é: *do* público *para* "o indivíduo". *Em sentido religioso* não há propriamente nenhum público, mas apenas indivíduos; porque o religioso é seriedade, e seriedade é: o indivíduo;

---

188. SKS 16, p. 22; KW XXII, p. 37.

contudo, cada ser humano, incondicionalmente cada ser humano, o que cada um certamente é, pode ser, sim, deve ser – o indivíduo[189].

No *Pós-escrito*, onde retoma a problemática de *Migalhas Filosóficas* e faz um balanço de toda a sua obra até aquele ponto, Kierkegaard adverte já na introdução: "Entretanto, com o intuito de evitar confusão, deve-se imediatamente relembrar que o problema não é o da verdade do cristianismo, mas sim sobre a relação do indivíduo com o cristianismo"[190].

É preciso notar contudo que este conceito, que ocupa lugar central na obra de Kierkegaard, tem

---

189. SKS 13, p. 17; KW XXII, p. 10. O conceito de indivíduo não pode ser entendido apenas em oposição ao de público ou multidão. Kierkegaard trabalha com essa oposição, como vimos, mas de modo nenhum se restringe a ela. O conceito de indivíduo deve ser entendido na moldura da síntese, do tornar-se si mesmo. No sentido kierkegaardiano, o mero opor-se ao público ou à multidão não faz de ninguém um indivíduo.
É importante ter em mente ainda que as ideias de tornar-se si mesmo, tornar-se indivíduo e tornar-se subjetivo indicam um mesmo processo, mas sob diferentes ângulos. Em termos bem gerais, quando Kierkegaard pensa nesse processo a partir dos constituintes da síntese, usa a terminologia tornar-se si mesmo; quando pensa em oposição à multidão, usa o termo indivíduo; quando pensa em oposição à filosofia especulativa, usa tornar-se subjetivo. Para outras questões relativas a esse tema, cf. PAULA. *Indivíduo e comunidade na filosofia de Kierkegaard*.

190. SKS 7, p. 24; PE-I, p. 21.

um sentido bem específico ou técnico. Por essa razão, é bom que tenha sido o último a analisarmos, uma vez que depende de alguns elementos elaborados anteriormente.

O conceito de indivíduo (*Den Enkelte*), ou indivíduo singular, é paralelo ao conceito de si-mesmo (*Selv*). A partir desse paralelo compreende-se que tornar-se um indivíduo significa exatamente efetivar a síntese de infinitude e de finitude, do temporal e do eterno, de possibilidade e de necessidade, que constitui o ser humano. Todos nascemos humanos, mas temos de nos tornar um si-mesmo, ou seja, temos de nos tornar um indivíduo. Cada pessoa tem em sua existência vários elementos que não podem ser modificados (o polo da necessidade) e, ao mesmo tempo, tem possibilidades em aberto. O modo dessa relação é universal. Entretanto, o conteúdo da necessidade e da possibilidade é algo próprio de cada pessoa.

Assim, só eu, e mais ninguém, pode efetivar a síntese que me constitui – pois ela contém elementos que dizem respeito só a mim e, nesse sentido, é individual. Neste ponto, contudo, é preciso avançar com certo cuidado, pois do fato de que a minha decisão seja individual não segue que *qualquer decisão* que eu tome irá me tornar um indivíduo no sentido específico que Kierkegaard o entende, por mais individual que tal decisão tenha sido. Como vimos, é possível efetivar a síntese desesperadamente. O que torna alguém um indivíduo não é o fato bruto de sua decisão ser individual – pois é possível decidir individualmente por tornar-se escravo de si mesmo –, mas tomar uma decisão que coloque ou recoloque a síntese na correta relação. É só nesse processo que alguém se torna si mesmo, se torna indivíduo.

Kierkegaard não parece compreender o ser humano como um conjunto de sínteses, mas como uma síntese que pode ser vista sob diversos ângulos. Assim, realizar a síntese de finitude e infinitude é realizar a síntese de temporalidade e eternidade, possibilidade e necessidade. Nesse sentido, ou se tem a síntese realizada no conjunto desses elementos, ou não se tem a síntese realizada. Quando a realização da síntese corretamente efetivada é vista sob a polaridade possibilidade/necessidade, ela é chamada de liberdade. Tornar-se livre obviamente não significa poder escolher qualquer coisa ou agir de qualquer modo; tornar-se livre é escolher a si mesmo, é escolher a realização da síntese, é assumir os elementos de necessidade que nos constituem e, ao mesmo tempo, relacionar-se com as possibilidades que estão em aberto. Liberdade, portanto, é uma relação, é a realização da síntese quando corretamente estabelecida. É nesse sentido que tornar-se um indivíduo é tornar-se livre.

Kierkegaard entende que a síntese só é corretamente realizada quando repousa transparentemente no poder que a estabeleceu. Esse poder é a origem do si-mesmo, é Deus. O núcleo do cristianismo é justamente o paradoxo do Deus que se torna humano, ou seja, o paradigma da síntese corretamente realizada. A ideia aqui é a de que o infinito não é conquistado pelo finito, mas que o infinito se oferece ao finito. Essa relação não é compreendida pela objetividade ou pelo pensamento especulativo, mas demanda uma atitude subjetiva. É nessa atitude que uma pessoa se torna um indivíduo, e por essa perspectiva tornar-se cristão e tornar-se indivíduo são postos em paralelo. Nesse sentido, não se compreende o processo de individuação em Kierkegaard sem dar a devida atenção ao que ele entende por tornar-se cristão[191].

---

191. Em que medida o tornar-se indivíduo é entendido por Kierkegaard como dependente do processo de tornar-se cristão é uma questão complexa que não pode ser decidida neste espaço. Uma citação de *Pós-escrito*, entretanto, traz importantes elementos para essa reflexão: "Se alguém que vive em meio ao cristianismo adentra a casa de Deus, a casa do verdadeiro Deus, com o conhecimento da verdadeira noção de Deus, e então ora, mas ora na inverdade; e quando alguém vive num país idólatra, mas ora com toda a paixão da infinitude, não obstante seus olhos descansem na imagem de um ídolo: onde, então, há mais verdade? Um ora na verdade a Deus, apesar de adorar um ídolo; o outro ora na inverdade ao verdadeiro Deus, e por isso adora na verdade um ídolo" (SKS 7, p. 184; PE-I, p. 212).

Tornar-se indivíduo é ser fundamentado no amor. Vimos que as ideias de tornar-se indivíduo e tornar-se livre coincidem, e que a liberdade só se dá na correta relação da síntese. O elemento que vincula a eternidade e a temporalidade, ou seja, que estabelece a correta união da síntese, é entendido por Kierkegaard como o amor (cf. "Sétima lição"). A individualidade e a liberdade acontecem em relação, e a relação fundamental que sustenta o indivíduo em sua liberdade é o amor. O entendimento kierkegaardiano de amor, como vimos, está articulado a uma trama conceitual que envolve necessariamente a ideia de dever, pois, de outro modo, a ideia de amor poderia facilmente ser confundida com um amor de si mesmo projetado no outro. No contexto dessa discussão, Kierkegaard afirma em *As Obras do Amor*:

> Ai, tão frequentemente se acha que há liberdade, e que a lei seria aquilo que amarra a liberdade. Contudo, é justamente o contrário; sem a lei a liberdade pura e simplesmente não existe, e é a lei que dá a liberdade. [...] Dessa maneira, este "deves" liberta o amor para uma feliz independência [...]. Esta independência só é dependente do próprio amor graças ao "tu deves" da eternidade, ele não é dependente de nenhum outro, e por isso também não é dependente do objeto do amor, tão logo este demonstra ser alguma outra coi-

> sa. Isso não significa, porém, que o amor independente terminaria assim, transmudando-se em orgulhosa autossatisfação; pois esta é dependência. Não, o amor permanece, ele é independência. A imutabilidade é a verdadeira independência [...][192].

Tornar-se indivíduo é realizar a síntese, e a síntese encontra no amor o seu elemento de união. Quando o conceito de indivíduo é compreendido nessas relações, entende-se que quanto mais o indivíduo se aprofunda em si mesmo, quanto mais ele se aprofunda no amor como fundamento do si mesmo, mais ele é lançado em direção ao outro, ao próximo, à alteridade e, nisso, à liberdade. Trata-se de um movimento necessariamente paradoxal. Exatamente o mesmo acontece em relação a Cristo, entendido como encarnação do amor; quanto mais alguém se aprofunda nele, assim entendido, mais é lançado em direção ao outro.

A implicação disso é que tornar-se indivíduo como realizar corretamente a síntese implica viver na finitude e na temporalidade sem ser refém delas. O cavaleiro da fé, que é também um modelo da individualidade, e que realiza o duplo movimento da fé que relaciona finitude e infinitude, é aquele que aprendeu a abrir mão da finitude e que, por isso

---

192. SKS 9, p. 46-47; OA, p. 56-57.

mesmo, é devolvido a ela em liberdade. Esse é o pano de fundo conceitual para o que Kierkegaard coloca em forma de imagem.

> Examinei-lhe a figura da cabeça aos pés, não fosse existir uma fissura através da qual o infinito espreitasse. Não! É solidamente maciço. O seu andar? É enérgico, pertence por inteiro à finitude; não é o andar de um burguês aperaltado que se passeia ao domingo à tarde em Fresberg; pisa a terra com a maior segurança – pertence em tudo ao mundo, nenhum filisteu pequeno-burguês poderia pertencer-lhe mais. Nada há que me permita descobrir essa natureza peculiar e distinta pela qual reconhecemos o cavaleiro da infinitude. Alegra-se com tudo, participa em tudo e cada vez que o vemos participar no que é singular, tal sucede com a perseverança que caracteriza o homem terreno, cuja alma se apega firmemente a semelhantes coisas. [...] Debruçado de uma janela aberta, contempla a praça onde vive, tudo o que aí se passa – um rato a esconder-se debaixo de uma tábua na sarjeta, as crianças a brincar – tudo na existência o interessa com tanta serenidade como se fosse uma rapariga de dezasseis anos [...]. Fuma cachimbo à noite; quando se olha para ele, jurar-se-ia que ele era o merceeiro da frente que vegeta na obscuridade. Deixa chegar as cinco com uma despreocupa-

ção tal que mais parece um faz-nenhum desmiolado, e contudo, em cada momento que vive, redime o tempo por um preço altíssimo; pois nem o que há de ínfimo ele executa sem que o faça por força do absurdo[193].

O indivíduo se forma ao tomar decisões intransferíveis e, nesse sentido, solitárias. Mas disso não segue que tais decisões o tornem solitário ou solipsista. Tudo gira em torno de realizar a própria síntese, e esta realização, bem-entendida, devolve-o à horizontalidade da vida. Tornar-se indivíduo no processo de realizar a síntese implica viver na finitude, na história, nas relações, em consideração amorosa para com o próximo, e assim em liberdade.

---

193. SKS 4, p. 133-135; TT, p. 94-96.

Conclusão

Vimos que a realização da síntese que nos constitui se dá por decisão, salto, e não está baseada em conhecimento objetivo. Não podemos saber, objetivamente, como realizar a síntese. Ninguém pode ensinar outra pessoa a ser si mesma. O processo de tornar-se si mesmo se dá, assim, no limite da razão e da filosofia. As decisões mais importantes são justamente aquelas para as quais não há informações objetivas ou critérios claros. Contudo, se a percepção disso é fundamental, ela também pode levar a equívocos. Do fato de que não se possa saber objetivamente como tomar decisões existenciais não segue que elas não possam ser pensadas. Elas podem e devem ser pensadas. O pensamento de Kierkegaard opera na tensão desses dois pressupostos, e isso parece ser especialmente importante para o nosso tempo.

Mesmo sem saber tudo, podemos pensar as consequências de se viver deste ou daquele modo, seja: os modos de se comunicar questões existenciais; o que é angústia e como nos relacionamos com ela; o desespero e seu disfarce em vidas bem ajustadas; a importância de relacionar finitude e infinitude em uma atitude subjetiva; o enfrentamento do paradoxo diante da necessidade de realizar a síntese; o amor como o que une finitude e infinitude; a necessidade de encaminhar o desejo de repetição a partir da interioridade e não dos objetos e eventos externos; a existência como tarefa de realização de si mesmo; o indivíduo como o construir a relação da própria síntese etc. Tudo isso pode ser pensado com consistência, e, em muitos casos, é possível antever as consequências de se viver a partir desse ou daquele pressuposto. A questão não é a de colocar a paixão contra o pensamento, a subjetividade contra a objetividade ou a flexibilidade contra a estrutura rígida, mas tentar compreender os âmbitos de cada elemento e suas relações.

Esquemas de pensamento ou desenvolvimentos conceituais não são, nem querem ser, reproduções da realidade. Quando Kierkegaard pensa a fé como eliminação do desespero e realização da síntese, por exemplo, ele pensa a estrutura conceitual dessa relação, mas essa estrutura não se manifesta sempre em todos os atos particulares de uma pessoa. Ainda assim, contudo, Kierkegaard pensa a fé, assim como várias questões existenciais, como se dando por saltos qualitativos, ou seja, muda-se de uma qualidade a outra. Isso poderia dar a impressão de que, assim, com o salto qualitativo, o processo seria eliminado e as questões seriam encaminhadas de modo definitivo. Quando Kierkegaard pensa o salto, ele de fato enfatiza uma mudança qualitativa, mas uma mudança qualitativa para dentro de um processo. Uma analogia muito usada por ele no contexto dessas discussões é a do estar enamorado. Quando uma pessoa decide entrar em uma relação amorosa, dá um salto qualitativo, mas este não elimina o processo; ao contrário, os processos tendem a se tornar mais intensos no interior de uma relação.

Por fim, Kierkegaard nos fornece conceitos e ideias que nos ajudam a compreender a nós mesmos. E deixa claro que esses conceitos devem ser vividos, experimentados, encarnados. Sua inspiração para este modo de pensar é o paradoxo de Cristo, como exposto pelo pseudônimo Anti-Climacus: "Pois Cristo é a verdade no sentido de que *ser* a verdade é a única verdadeira explicação do que a verdade é"[194].

---

194. SKS 12, p. 201-202; KW XX, p. 205.

Referências

Edições completas e seleção dos *Diários*

KIERKEGAARD, S. *Søren Kierkegaards Skrifter*. Vol. 1-55. Copenhague: 2014 [N.J. Cappelørn et al. (eds.)]. [Disponível em http://sks.dk/forside/indhold.asp – Acesso em 30/05/2020].

_____. *Kierkegaard's Writings*. Vol. I-XXVI. Princeton: Princeton University Press, 1978-1999 [H. Hong (ed.). H. Hong, E. Hong et al. (trad.)].

_____. *Søren Kierkegaard's Journals and Papers*. Vol. 1-6; Vol. 7 Index. Bloomington/Londres: Indiana University Press, 1967-1978 [H. Hong, E. Hong & G. Malantschuk (eds. e trad.)].

Traduções para o português

KIERKEGAARD, S. *A doença para a morte* – Uma exposição psicológico-cristã para edificação e despertar, 2022 [Jonas Roos (trad., int. e notas)].

_____. *O Instante* – Como Cristo julga a respeito do cristianismo oficial & *Imutabilidade de Deus* – Um discurso. São Paulo: Liber Ars, 2019 [A.L.M. Valls & M.G. de Paula (trad.)].

_____. *Ou-ou* – Um fragmento de vida (2ª parte). Lisboa: Relógio D'Água, 2017 [E.M. de Sousa (trad., posfácio e notas)].

_____. *Pós-escrito às* Migalhas Filosóficas. Vol. II. Petrópolis/Bragança Paulista: Vozes/Ed. Universitária São Francisco, 2016 [A.L.M. Valls & M.M. de Almeida (trad.)].

_____. *Pós-escrito às* Migalhas Filosóficas. Vol. I. Petrópolis/Bragança Paulista: Vozes/Ed. Universitária São Francisco, 2013a [A.L.M. Valls & M.M. de Almeida (trad.)].

_____. *Ou-ou* – Um fragmento de vida (1ª parte). Lisboa: Relógio D'Água, 2013b [E.M. de Sousa (trad., int. e notas)].

_____. *O Conceito de Angústia* – Uma simples reflexão psicológico-demonstrativa do pecado hereditário, de Vigilius Haufniensis. Bragança Paulista/Petrópolis: Ed. Universitária São Francisco/Vozes, 2010 [A.L.M. Valls (trad. e posfácio)].

_____. *A repetição*. Lisboa: Relógio D'Água, 2009a [J.M. Justo (trad., int. e notas)].

_____. *Temor e Tremor*. Lisboa: Relógio D'Água, 2009b [E.M. de Sousa (trad., int. e notas)].

_____. *As Obras do Amor* – Algumas considerações cristãs em forma de discursos. Bragança

Paulista/Petrópolis: Ed. Universitária São Francisco/ Vozes, 2005 [A.L.M. Valls (trad.); E. Hagelund (rev.)].

_____. *Migalhas Filosóficas* – Ou um bocadinho de filosofia de João Climacus. Petrópolis: Vozes, 1995 [E. Reichmann e A.L.M. Valls (trad.)].

_____. *O conceito de Ironia* – Constantemente referido a Sócrates. Petrópolis: Vozes, 1991 [A.L.M. Valls (apres. e trad.].

Outras fontes

A Bíblia de Jerusalém. Nova ed. rev.; 6. reimp. São Paulo: Paulinas, 1993 [T. Giraudo (dir. e ed.); J. Bortolini (coord. e ed.). Trad. do texto em língua portuguesa diretamente dos originais].

CRITES, S. "Pseudonymous Authorship as Art and as Act". In: THOMPSON, J. (ed.). *Kierkegaard*: A Collection of Critical Essays. Nova York: Anchor Books, 1972.

EVANS, C.S. *Kierkegaard*: An Introduction. Cambridge: Cambridge University Press, 2009.

_____. *Passionate Reason* – Making Sense of Kierkegaard's Philosophical Fragments. Bloomington/ Indianápolis: Indiana University Press, 1992.

FERNANDES, V.M. *Kierkegaard e Hegel* – Reconsiderando a relação entre o *Pós-escrito* e a *Ciência da Lógica*. São Paulo: Liber Ars, 2019.

GREEN, R.M. "Developing Fear and Trembling". In: HANNAY, A. & MARINO, G. (eds.). *The Cambridge Companion to Kierkegaard*. Nova York: Cambridge University Press, 1998.

HIMMELSTRUP, J. "Terminologisk Ordbog". In: *Søren Kirkegaard Samlede Værker*. København: Gyldeldal, 1962, v. 20.

HONG, H. & HONG, E. "Historical Introduction". In: *Kierkegaard's Writings* VI (*The Concept of Irony*).

_____. "Historical Introduction". In: KW XXII (*The Point of View*).

_____. "Supplement". In: KW VI (*Fear and Trembling, Repetition*).

_____. "Supplement". In: KW XIII (*The Corsair Affair*).

LA ROCHEFOUCAULD, F. *Reflexões ou sentenças e máximas morais*. São Paulo: Penguin Classics/Companhia das Letras, 2014 [Rosa F.D'Aguiar (trad.)].

LESSING, G.E. "Sobre a demonstração do espírito da força". *Revista Brasileira de Filosofia da*

Religião, Brasília, v. 8, n. 1, jul. 2021, p. 378-384 [Álvaro L.M. Valls (trad.)].

MARINO, G. "Kierkegaard's Biography". In: MARINO, G. (ed.). *The Quotable Kierkegaard*. Princeton: Princeton University Press, 2014.

PAULA, M.G. *Indivíduo e comunidade na filosofia de Kierkegaard*. São Paulo: Paulus, 2009.

PERKINS, R. (ed.). *International Kierkegaard Commentary* – The Corsair Affair. Macon, Georgia: Mercer University Press, 1990.

PIEPER, F. & ROOS, J. "Religião, existência e temporalidade – Paralelos entre Kierkegaard e Heidegger". In: *Numen* – Revista de Estudos e Pesquisa da Religião, vol. 14, n. 1, jan.-jun./2011, p. 101-119. Juiz de Fora.

QUAGLIO, H. *Tempo, eternidade e verdade* – Pressupostos agostinianos da ideia de paradoxo absoluto em Kierkegaard. São Paulo: Liber Ars, 2019.

ROOS, J. "Finitude, infinitude e sentido – Um estudo sobre o conceito de religião a partir de Kierkegaard". In: *Revista Brasileira de Filosofia da Religião*, vol. 6, n. 1, jul./2019, p. 10-29. Brasília.

_____. "Kierkegaard, Lutero e o luteranismo: polêmica e dependência". In: *Revista de Filosofia*

Moderna e Contemporânea, vol. 5, n. 2, dez./2017, p. 147-170. Brasília.

_____. "Entre Sísifo e Job: Repetição e existência em Kierkegaard". In: *Ekstasis* – Revista de Hermenêutica e Fenomenologia, vol. 4, n. 2, 2015a, p. 51-52.

_____. "Religião, linguagem e existência – Proposta de uma articulação". In: SILVEIRA, E.S. & COSTA, W.S.R. (orgs.). *A polissemia do sagrado* – Os desafios da pesquisa sobre religião no Brasil. Juiz de Fora/São Paulo: UFJF/Fonte Editorial, 2015b.

_____. "Religião, temporalidade e corporeidade em Kierkegaard". In: *Numen* – Revista de Estudos e Pesquisa da Religião, vol. 17, n. 1, 2014, p. 347-364. Juiz de Fora.

ROHDE, H.P. *Auktionsprotokol over Søren Kierkegaards Bogsamling*. København: Det Kongelige Bibliotek, 1967.

ROSSATTI, G.G. "Kierkegaard *antimoderno*, ou para uma tipologia (alternativa) da posição sociopolítica kierkegaardiana". In: *Cadernos de Filosofia Alemã*, vol. 20, n. 1, p. 163-178.

SLØK, J. *Kierkegaard's Universe* – A New Guide to the Genius. Dinamarca: Narayana Press, 1994 [K.T. Gylling (trad.)].

STEWART, J. *Søren Kierkegaard*: Subjetividade, ironia e a crise da modernidade. Petrópolis: Vozes, 2017 [H.A.Q. de Souza (trad.)].

_____. *Kierkegaard's Relations to Hegel Reconsidered*. Cambridge: Cambridge University Press, 2003.

VALLS, A.L.M. *Kierkegaard não era um homem sério*! Sobre alguns alemães, sobre alguns discursos, e sobre a mãe do filósofo. São Paulo: Liber Ars, 2019.

_____. *Entre Sócrates e Cristo* – Ensaios sobre a ironia e o amor em Kierkegaard. Porto Alegre: Ed. PUC-RS, 2000.

WATKIN, J. *Historical Dictionary of Kierkegaard's Philosophy*. Lanham/Maryland/Londres: The Scarecrow Press, 2001.

_____. "Historical Introduction". In: KW I (*Early Polemical Writings*).

_____. *Kierkegaard*: Reed. Londres/Nova York: Continuum, 2000.

WIDENMANN, R.J. "The Concept of Stages". In: THULSTRUP, N. & THULSTRUP, M.M. (eds.). *Some of Kierkegaard's Main Categories*. Vol. 16. Copenhague: C.A. Reitzels Boghandel, 1988.

COLEÇÃO 10 LIÇÕES

- *10 lições sobre Kant*
  Flamarion Tavares Leite
- *10 lições sobre Marx*
  Fernando Magalhães
- *10 lições sobre Maquiavel*
  Vinícius Soares de Campos Barros
- *10 lições sobre Bodin*
  Alberto Ribeiro G. de Barros
- *10 lições sobre Hegel*
  Deyve Redyson
- *10 lições sobre Schopenhauer*
  Fernando J.S. Monteiro
- *10 lições sobre Santo Agostinho*
  Marcos Roberto Nunes Costa
- *10 lições sobre Foucault*
  André Constantino Yazbek
- *10 lições sobre Rousseau*
  Rômulo de Araújo Lima
- *10 lições sobre Hannah Arendt*
  Luciano Oliveira
- *10 lições sobre Hume*
  Marconi Pequeno
- *10 lições sobre Carl Schmitt*
  Agassiz Almeida Filho
- *10 lições sobre Hobbes*
  Fernando Magalhães
- *10 lições sobre Heidegger*
  Roberto S. Kahlmeyer-Mertens
- *10 lições sobre Walter Benjamin*
  Renato Franco
- *10 lições sobre Adorno*
  Antonio Zuin, Bruno Pucci e Luiz Nabuco Lastoria
- *10 lições sobre Leibniz*
  André Chagas
- *10 lições sobre Max Weber*
  Luciano Albino
- *10 lições sobre Bobbio*
  Giuseppe Tosi

- *10 lições sobre Luhmann*
Artur Stamford da Silva
- *10 lições sobre Fichte*
Danilo Vaz-Curado R.M. Costa
- *10 lições sobre Gadamer*
Roberto S. Kahlmeyer-Mertens
- *10 lições sobre Horkheimer*
Ari Fernando Maia, Divino José da Silva e Sinésio Ferraz Bueno
- *10 lições sobre Wittgenstein*
Gerson Francisco de Arruda Júnior
- *10 lições sobre Nietzsche*
João Evangelista Tude de Melo Neto
- *10 lições sobre Pascal*
Ricardo Vinícius Ibañez Mantovani
- *10 lições sobre Sloterdijk*
Paulo Ghiraldelli Júnior
- *10 lições sobre Bourdieu*
José Marciano Monteiro
- *10 lições sobre Merleau-Ponty*
Iraquitan de Oliveira Caminha
- *10 lições sobre Rawls*
Newton de Oliveira Lima
- *10 lições sobre Sócrates*
Paulo Ghiraldelli Júnior
- *10 lições sobre Scheler*
Roberto S. Kahlmeyer-Mertens
- *10 lições sobre Kierkegaard*
Jonas Roos
- *10 lições sobre Goffman*
Luís Mauro Sá Martino
- *10 lições sobre Norbert Elias*
Andréa Borges Leão e Tatiana Landini
- *10 lições sobre Gramsci*
Cezar Luiz de Mari
- *10 lições sobre Paulo Freire*
Daniel Ribeiro de Almeida Chacon
- *10 lições sobre Beauvoir*
Fernanda Lemos
- *10 lições sobre Hegel*
Marloren Lopes Miranda

Conecte-se conosco:

f facebook.com/editoravozes

⊙ @editoravozes

🐦 @editora_vozes

▶ youtube.com/editoravozes

🟢 +55 24 2233-9033

www.vozes.com.br

Conheça nossas lojas:

www.livrariavozes.com.br

Belo Horizonte – Brasília – Campinas – Cuiabá – Curitiba
Fortaleza – Juiz de Fora – Petrópolis – Recife – São Paulo

EDITORA VOZES LTDA.
Rua Frei Luís, 100 – Centro – Cep 25689-900 – Petrópolis, RJ
Tel.: (24) 2233-9000 – E-mail: vendas@vozes.com.br